# Kletterpflanzen

schnell & einfach

> Autorin: Iris Jachertz | Fotografen: Jutta Schneider und andere bekannte Pflanzenfotografen | Zeichnerin: Heidi Janiček

# Inhalt

## Pflanzenpraxis

### Das 5-Stufen-Erfolgsprogramm

>> schnell & einfach

## 2 Pflanzen

**Ob gekauft oder selbst gezogen – mit dem richtigen Know-how haben Kletterpflanzen schon beim Einpflanzen beste Startbedingungen.**



## 1 Planen

**An geeigneten Plätzen und mit der richtigen Auswahl werden Ihre Kletterpflanzen schnell in den Himmel stürmen.**



## 3 Erziehen

**Hauptsache, die Richtung stimmt! Etwas Unterstützung und Anleitung ist nötig, um Kletterpflanzen auf den richtigen Weg zu bringen.**

## 4 Gestalten

**Kombinieren Sie doch mal! Kletterpflanzen passen hervorragend zu Stauden und Gehölzen.**



## Pflanzenporträts

### TOP 20

**Die beliebtesten Kletterpflanzen für jeden Standort im Porträt**



### Pflanzentabellen



## 5 Pflegen

**Gießen, düngen und eine scharfe Schere – viel mehr brauchen Kletterpflanzen nicht für üppiges, gesundes Wachstum.**



## Anhang



➤ **GU Serviceseiten**

# Pflanzenpraxis

# Der Weg nach oben

**Kletterpflanzen gehören zu den reizvollsten Pflanzen im Garten. Hauswände, Pergolen und Torbögen werden mit ihnen zum Blickfang.** Um möglichst viel Sonnenlicht nutzen zu können, streben Kletterpflanzen weit nach oben – so weit sie ihre Triebe tragen. Im Laufe der Evolution haben sie erstaunliche und vielseitige Techniken entwickelt um luftige Höhen zu erreichen. Als Selbstklimmer bezeichnet man dabei diejenigen, die mit Hilfe von speziellen Kletterorganen nach oben klettern, Gerüstkletterer dagegen brauchen eine Hilfestellung durch Klettergerüste oder Bäume und Sträucher als Unterlage.

*Mit Haftscheiben erobert Wilder Wein mühelos Fassaden und Mauern.*

## Selbstklimmer

Diese Kletter-Gruppe braucht nur eine Mauer oder eine Hauswand, um sich langsam daran hochzuarbeiten.

➤ Wurzelkletterer, dazu gehören z. B. Trompetenblume oder Kletterhortensie, bilden an Sprossen und Trieben Haftwurzeln aus, mit denen sie sich auf einer Unterlage fest verankern können.

➤ Wilder Wein hält sich mit Haftscheiben auch auf glattem Untergrund fest. Die Spitzen der Blattranken werden dazu umfunktioniert.

➤ Einige Arten wie Efeu sind über spezielle Drüsen in der Lage, Pflanzengewebe mit klebrigem Sekret auszusondern, sich damit auf der Unterlage festzuheften und dann nicht mehr lockerzulassen.

## Gerüstkletterer

Diese Gruppe der Kletterpflanzen ist auf Kletterhilfen angewiesen. In der Natur behelfen sich die Pflanzen mit Sträuchern und Bäumen, in die sie hineinranken. Im Garten dienen Klettergerüste oder an Mauern befestigte Seile und Drähte als Stütze.

➤ Rosen, Brombeeren oder der Winterjasmin gehören zur Gruppe der **Spreizklimmer**. Mit ihren Stacheln und Dornen halten sie sich an möglichst waagerecht angebrachten Kletterhilfen fest und beranken so Hauswände und Fassaden. Zusätzlich müssen sie daran festgebunden werden.

➤ **Schlinger und Winder,** zu denen z. B. Baumwürger, Blauregen, Geißblatt oder Knöterich gehören, winden ihre Triebe spiralförmig, meistens entgegen dem Uhrzeigersinn und am liebsten senkrecht um Stäbe, Gitter und Pergolen.

➤ **Ranker** bilden Teile der Sprossachsen oder Blätter zu Rankorganen um, die sich wie Fangarme um das Gerüst

Schling-Knöterich gehört zu den Rechtswindern unter den Gerüstkletterern.

wickeln. Man unterscheidet drei verschiedene Gruppen: Echter Wein oder Passionsblume z. B. sind Sprossranker. Wicken gehören zu den Blattrankern, und die Clematis ist ein Blattstielranker.

## Himmelsstürmer für eine Saison

Schwarzäugige Susanne, Sternwinde, Duftwicken und viele andere entwickeln sich im Laufe eines Sommers vom Samenkorn bis zum üppigen Blütenflor. Ihre Sprinterqualitäten würdigen all diejenigen, die auf ihrem Balkon oder ihrer Terrasse schnell einen dichten, blühenden und duftenden Sichtschutz wünschen. Nach einer Vorkultur auf der Fensterbank bei ca. 18 °C können Sie die Pflänzchen ab Mitte Mai, wenn kein Frost mehr zu erwarten ist, ins Freie setzen oder sie dann auch erst direkt an Ort und Stelle aussäen. Innerhalb weniger Wochen bewachsen die Kletterer ihre Gerüste und Rankhilfen. Mit den ersten frostigen Nächten im Herbst nimmt die Blütenpracht leider schnell ein Ende. Temperaturen unter null Grad vertragen die Einjährigen nicht. Dafür werden aus den gebildeten Samenkörnern im nächsten Frühjahr schnell neue Blühwunder.

## Dauerhafte Kletterer

Mehrjährige Kletterpflanzen lassen sich in ihrem Streben nach oben in der Regel mehr Zeit als ihre einjährigen Kollegen. Auch ist ihre Blütezeit, im Gegensatz zu der der Einjährigen, auf nur wenige Wochen oder Monate im Jahr beschränkt. Manche Kletterrosen oder Geißblatt-Sorten blühen auch ein zweites oder drittes Mal, mit der Blühfreude der Einjährigen aber können sie nicht mithalten. Dafür entwickeln sie sich im Laufe der Jahre zu stattlichen Exemplaren und absoluten Hinguckern im Garten, die kahle Wände oder triste Mauern beleben und Sitzplätze vor zu viel Sonne, Wind und neugierigen Blicken schützen. Unter den mehrjährigen, verholzenden Arten bildet der Hopfen die Ausnahme. Er treibt als Staude jedes Jahr neu aus unterirdischen Wurzelknospen aus und zieht sich im Winter in die Erde zurück. ■

PRAXISINFO

### An Boden gewinnen

Kletterpflanzen müssen nicht immer hoch hinaus. Einige Arten breiten sich auch gerne am Boden aus oder wachsen nach unten und werden zu prachtvollen Hängepflanzen.

- ✗ Efeu (*Hedera helix*)
- ✗ Feuerdorn (*Pyracantha coccinea*)
- ✗ Kapuzinerkresse (*Tropaeolum* spec.)
- ✗ Kletterspindel (*Euonymus fortunei*)
- ✗ Wilder Wein (*Parthenocissus* spec.)

# Platz für Höhenflüge

**Romantische Torbögen, begrünte Hauswände oder blühender Sichtschutz auf dem Balkon: Kletterpflanzen finden fast überall Platz.** Fassaden, Mauern und frei stehende Obelisken bieten Kletterpflanzen den nötigen Halt im Garten, auf der Terrasse oder dem Balkon. Je größer der Kletterer im Laufe der Jahre wird, desto größer und stabiler muss seine Kletterkonstruktion sein. Glyzinen erreichen die stattliche Höhe von bis zu 15 m, während bei Clematis einige Sorten so klein bleiben, dass sie auch im Kübel auf einem kleinen Balkon ihren romantischen Charme versprühen. Erkundigen Sie sich vor dem Kauf nach den Wuchseigenschaften und wählen Sie die passende Konstruktion und den Platz sorgfältig aus.

*Kletterrosen und Wein wirken am Hauseingang romantisch-verspielt und heißen die Gäste freundlich willkommen.*

## Lauschige Lauben

Im Fachhandel sind Pergolen, Lauben und Pavillons für jeden Geschmack und Geldbeutel in allen Größen erhältlich. Die Entscheidung hängt von Ihren individuellen Wünschen und Platzverhältnissen ab. Richtig verwunschen wirken sie aber erst, wenn sie mit Kletterpflanzen bewachsen sind. Damit die Pflanzen keinen Schaden anrichten und nicht den vorgegebenen Rahmen sprengen, wägen sie den Platzbedarf gut ab und fragen bei Unsicherheit lieber einen Fachmann um Rat. Manche Kletterpflanzen brauchen in jungen Jahren lange, bis sie sich an einem Standort etablieren und täuschen so über ihren eigentlichen Platzbedarf hinweg, z. B. Efeu oder Kletterhortensien. Nach ca. fünf Jahren starten die Kletterer dann aber richtig durch zu ihren Höhenflügen und dulden keine Konkurrenten im direkten Umfeld. Außerdem legen sie stark an Gewicht zu, für das die Konstruktion stabil genug sein muss.

*Das dichte Blätterdach der Glyzine schützt vor Sonne und neugierigen Blicken und sorgt für das Urlaubsfeeling zu Hause.*

## Grüne Wände

Fassaden und Mauern sind wie geschaffen für kletternde Pflanzen. In Städten bieten sie willkommene Abwechslung zum Einheitsgrau. Doch Vorsicht! Vor allem Selbstklimmer können teure Schäden im Mauerwerk anrichten. Ihre Haftorgane dringen in Spalten ein, lösen Putz von schadhaften Wänden oder lockern Dachziegel. Ist der Putz einwandfrei, können Sie Kletterpflanzen bedenkenlos ranken lassen – oder Sie wählen Gerüstklimmer und bringen eine Kletterkonstruktion an (→ Seite 20/21). Beachten Sie dabei die Wuchshöhe der Pflanzen und wählen Sie sie passend zur Mauerhöhe aus. Sonst wächst eine Glyzine womöglich schon bald über den Dachfirst hinaus.

## Kletterkünstler im Beet

Auch in Staudenrabatten machen Kletterpflanzen eine gute Figur. An frei stehenden Rankgerüsten klimmen sie empor und sorgen für auffällige Blickpunkte. Dafür eignen sich vor allem Kletterer, die nur ca. 2–3 m hoch wachsen. Niedrige Kletterrosen, Clematis oder Einjährige übertrumpfen zur Blütezeit selbst die prächtigsten Stauden. Eine große Auswahl an verschiedenen Kletterhilfen gibt es in jedem Gartencenter oder Sie bauen sie aus Weidenruten oder Holzpflöcken ganz einfach selbst (→ Seite 20/21 und 26/27). Je nachdem wie groß und schwer die zukünftig daran hochrankende Kletterpflanze ist, muss das Gerüst verarbeitet und entsprechend stabil sein.

## Akrobaten im Topf

Auch Balkongärtner können ihren Sitzplatz mit einem blühenden Dach aufwerten. Viele Kletterpflanzen gedeihen im Kübel. Einjährige begrünen z.B. als Sichtschutz die Balkonbrüstung in Windeseile. Kübelpflanzen wie Bougainvilleen lassen Sie auf Balkonien vom Süden träumen, müssen aber frostfrei überwintert werden. ■

PRAXISINFO

### In Form gebracht

So werden Glyzinen an einem Gerüst hochgezogen:

- ✗ Zuerst den Haupttrieb am Pfeiler in der richtigen Wuchsrichtung hinaufleiten: Japanischer Blauregen (*Wisteria floribunda*) ist links-, Chinesischer Blauregen (*Wisteria chinensis*) rechtswindend.
- ✗ Schneiden Sie sämtliche Seitentriebe zurück.
- ✗ Wenn der Haupttrieb das Ende erreicht hat, werden die neuen Seitentriebe an waagerechten Verstrebungen befestigt.
- ✗ Sobald sich ein dichtes Netz aus jungen Trieben gebildet hat, können Sie mit dem Schnitt zur Blütenförderung beginnen.

# Der richtige Standort

**Damit Kletterpflanzen ihre volle Schönheit entfalten, benötigen sie zu ihren Bedürfnissen passende Wachstumsbedingungen.**

So vielfältig die ganze Palette der Kletterpflanzen ist, so unterschiedlich und individuell sind sie auch in ihren Ansprüchen an Licht, Wärme und Bodenbedingungen. Jeder Standort bietet eigene Voraussetzungen, abhängig z. B. von der Himmelsrichtung, Hangneigung und der Beschattung durch Bäume oder Häuser. Am besten skizzieren Sie erst den Sonnenverlauf oder notieren sich die Zahl der Sonnenstunden, bevor Sie die dazu passenden Pflanzen kaufen. Bedenken Sie auch, dass Standorte an einer Mauer oder Hauswand mikroklimatisch begünstigt, d. h. wärmer und besser windgeschützt sind als das unmittelbare Umfeld. Das gilt auch für einen sonnigen Innenhof. An den Wärme speichernden Steinen gedeihen selbst frostempfindliche Pflanzen wie die Trompetenblume gut.

*Eine Pfeifenwinde umhüllt diese schattige Laube mit prächtigen Blättern.*

## Ein Platz an der Sonne

Je sonniger z. B. der Platz für eine Glyzine an einer Laube oder Hausmauer ist, desto mehr Blütentrauben bildet sie. Auch die meisten Rosen entpuppen sich als wahre Sonnenanbeter und entfalten erst dann ihren süßen Duft. Die auffällig getönten Blätter des Strahlengriffels erscheinen umso kontrastreicher, je mehr sie der Sonne ausgesetzt sind. Vor allem Pflanzen, die ursprünglich in mediterranen Gefilden beheimatet sind, brauchen Wärme, die sich z. B. vor einer nach Süden exponierten Mauer staut.

*Clematis mag es gern sonnig, aber ihre Wurzeln stehen lieber im Schatten.*

## Schattendasein

Einige der beliebtesten und bekanntesten Kletterer nehmen lieber mit dem Schatten vorlieb und meiden die Sonne. Die Blätter der Kletterhortensien oder des Efeus z. B. würden in praller Sonne verbrennen, im schützenden Schatten aber fühlen sie sich wohl, und die weißen Blüten der Hortensien hellen so manch dunklen Platz im

Garten auf. Alle Kletterpflanzen mit immergrüner Belaubung, dazu gehören neben Efeu auch Geißblatt-Arten und der Spindelstrauch, bevorzugen uneingeschränkt halbschattige bis voll beschattete Lagen. Clematis entwickelt eine reiche Blütenpracht in voller Sonne, der Wurzelbereich aber sollte im Schatten liegen. Das erreichen Sie, wenn Sie ein paar Bodendecker pflanzen oder eine Schicht Mulch darüber breiten. Ein benachbarter Strauch kann dem empfindlichen Wurzelbereich ebenfalls die nötigen Schattenseiten bieten (→ Seite 16/17).

## Bodenbedingungen

Für die meisten Kletterpflanzen ist ein humoser Lehmboden ideal. Rosen, Geißblatt und Kletterhortensien schätzen schwerere, nährstoffreiche Böden, die die Feuchtigkeit gut speichern.
Immergrüne Arten bevorzugen leichtere, sandige Böden, die vor allem im Winter nicht zu Staunässe neigen. Strahlengriffel, Scheinrebe, Jasmin und Jungfernrebe gedeihen fast überall problemlos.
Bei einer Fingerprobe können Sie Feuchtigkeit und Konsistenz des Bodens fühlen. Knirscht er sandig, ist er krümelig oder lässt er sich wie Ton zu einer Rolle formen? Böden im Regenschatten einer Hauswand bekommen kaum Niederschlag ab. Auch können sie verdichtet und mit Bauschutt angereichert sein. Solche Standorte sollten Sie vor der Pflanzung verbessern, d.h. auflockern, humusreiche Erde beimischen und immer für ausreichende Feuchtigkeit sorgen. ■

*An einer sonnigen Hauswand laufen Kletterpflanzen zur Höchstform auf.*

CHECKLISTE

### Gute Bedingungen

Prüfen Sie, ob die Pflanze für den gewählten Standort geeignet ist:

- ✔ Werden Licht- und Wärmeansprüche ausreichend berücksichtigt?
- ✔ Wird der ausgewählte Standort Wuchsform und Platzbedürfnissen der Pflanze gerecht?
- ✔ Ist der Wurzelraum ausreichend und das Erdreich locker und humos?
- ✔ Bekommt der Standort genügend Niederschlag oder muss zusätzlich gewässert werden?

# Tipps zum Kauf

**Je besser die Qualität der gekauften Pflanzen, desto leichter gelingt die Eingewöhnung am neuen Platz.** Kletterpflanzen kaufen Sie am besten in einem gut sortierten Gartencenter oder in einer Baumschule. Dort können Sie auch fachkundiges Personal um Rat bitten, wenn Sie im undurchdringlichen Kletterpflanzen-Dschungel den Durchblick verlieren. Vor dem Kauf sollten Sie sorgfältig die Hinweisschilder an der Pflanze lesen, die Ihnen Auskunft über die Wuchsform, die Standortansprüche, den besten Pflanzzeitpunkt und die Blütezeiten geben. Wenn Sie sich für eine Art entschieden und auch einen geeigneten Platz dafür im Auge haben, sollten Sie sich noch folgende Fragen stellen:

- Haben Sie die Möglichkeit (und auch das Recht dazu), eine evtl. erforderliche Kletterhilfe z. B. an der Hauswand anzubringen?
- Wie aufwändig sind die Pflegemaßnahmen und wie viel Zeit können Sie der Pflanze dafür widmen?

*Alle wichtigen Informationen können Sie dem Sortenschild entnehmen.*

## Angebotsformen

Kletterpflanzen sind in Gärtnereien und Gartencentern je nach Jahreszeit in verschiedenen Formen erhältlich:

- Containerpflanzen: In aller Regel können Sie mehrjährige Pflanzen und vorgezogene Einjährige eingetopft im Plastik- oder Tontopf als so genannte Containerpflanzen kaufen. Sie bilden einen Ballen und werden im Topf ausreichend mit Wasser und Nährstoffen versorgt. Der große Vorteil ist, dass Sie die Pflanzen kaufen und einpflanzen können, solange es die Witterung zulässt – der Boden also nicht gefroren ist. Achten Sie darauf, dass das Verhältnis von Pflanzengröße und Topf ausgewogen ist.

>> schnell und einfach

TIPP

### Pflanztriebe beurteilen

Austriebwillige Pflanzen erkennen Sie leicht, wenn Sie an einem Trieb vorsichtig mit dem Fingernagel etwas die Rinde entfernen. Erscheint darunter frisches, saftiges Grün, können Sie die Pflanze bedenkenlos mit nach Hause nehmen – sie wird austreiben, sobald die Temperaturen steigen und die Tage länger werden.

Eine Kontrolle des Wurzelballens (→ Checkliste) vor dem Kauf verhindert spätere Enttäuschungen: Wurzeln, die gerade bis zur Topfwand reichen, weisen den richtigen Zeitpunkt zum Auspflanzen auf. Pflanzen mit Wurzeln, die schon mehrere Runden im Topf gedreht haben, lassen Sie besser stehen. Sie wurden nicht rechtzeitig umgetopft.

➤ Wurzelnackte Pflanzen: Vor allem Rosen werden traditionell im Herbst oder im zeitigen Frühjahr wurzelnackt verkauft. Das bedeutet, dass die Pflanzen in der Baumschule im Beet kultiviert wurden. Während der Vegetationsruhe werden die Rosen aus der Erde genommen und die Wurzeln mit einem feuchten Tuch umwickelt. Bis zum Verkauf legen die Gärtner die Ware locker in feuchte Erde.

## Gesund und kräftig

Ob eine Kletterpflanze vor dem Verkauf richtig gepflegt wurde, kann man nicht immer gleich erkennen, besonders wenn noch keine Blätter ausgebildet sind. Wertvolle Hinweise können aber auch andere Kriterien sein, z. B. ob die Klettertriebe sorgfältig an einem provisorischen Gerüst nach oben gezogen, richtig befestigt und gleichmäßig stark ausgebildet sind. Folgende Merkmale sollten Sie vom Kauf generell abhalten:

➤ Abgebrochene und abgestorbene Triebe lassen auf Vernachlässigung schließen.

➤ Welke oder helle Blätter mit dunkleren Blattadern sind oft ein Zeichen von Wasser- und Nährstoffmangel.

➤ Schädlingsbefall,

➤ Faulende Wurzeln deuten auf Staunässe hin. ■

*Sie haben die Wahl: Kletterpflanze im Container (rechts) oder wurzelnackt.*

CHECKLISTE

### Qualität erkennen

So gehen Sie beim Kauf auf Nummer Sicher:

✔ Wählen Sie Pflanzen mit kräftigen Trieben, wenn möglich schon mit ersten Blattansätzen.

✔ Kaufen Sie die Pflanzen möglichst ohne Blüten.

✔ Der Wurzelballen sollte fest und gut entwickelt sein sowie feine Haarwurzeln aufweisen. Die Erde sollte ausreichend feucht sein.

✔ Achten Sie beim Versandkauf auf Geschäfts- und Lieferbedingungen und die Verpackungsart.

>> Kinder-Spezial

# Zum Naschen fast zu schade

**Aromatische Erdbeeren direkt aus dem Blumentopf ernten – zum Greifen nah und unbeschreiblich lecker!**
Auch ohne eigenes Gartenbeet saftig-süße Erdbeeren zu ernten ist viel leichter als man denkt, denn in einer so genannten Taschenamphore ist die Erdbeerzucht ein Kinderspiel! Die kleinen Ausbuchtungen an den Seiten füllt man wie den Topf mit Blumenerde. Dort setzt man die jungen Erdbeerpflänzchen hinein, gießt und düngt sie regelmäßig, damit sie sich prächtig entwickeln bald blühen und ganz viele Früchte tragen.
Die langen Ausläufertriebe, an denen sich bald neue junge Pflänzchen entwickeln, brauchen ein Klettergerüst, an dem du sie festbinden musst, denn Erdbeeren haben keine eigenen Kletterorgane, mit denen sie sich festhalten können. Das bisschen Arbeit lohnt sich, denn dafür kannst du im Juni die leckeren Früchte ernten und sie dir direkt in den Mund stecken.
Die Pflanzen bekommst du im Frühjahr am besten auf dem Blumenmarkt oder im Gartencenter. Dort gibt es auch den Topf und die Blumenerde. Such dir die kräftigsten Erdbeerpflanzen aus. Je mehr Blüten die Pflanze hat, desto mehr Früchte kannst du später ernten. Lass dir beim Transport von deinen Eltern helfen, denn der große Topf und so ein Erdesack wiegen ganz schön viel.

PRAXISINFO

## So gelingt die Erdbeerzucht

**Zeitbedarf:** 30 Min.

**Material:**

- tönerne Taschenamphore aus dem Gartencenter
- gute Gartenerde
- 8–9 Erdbeerpflänzchen (es gibt spezielle Kletter-Erdbeeren, z. B. von der Sorte 'Hummi')
- etwas Erdbeerdünger oder anderen organischen Langzeitdünger
- 3 Bambusstäbe oder andere stabile Stöcke
- Beetkugel oder sonstige Dekoration, die die Bambusstäbe oben zusammenhält
- etwas Bindfaden oder Plastikband zum Festbinden der Klettertriebe

**Zubehör:**

- Pflanzschaufel
- Gießkanne zum Wässern

## Pflanzfieber

1

Der Topf wird zu 2/3 mit Erde befüllt und die Pflänzchen hineingesetzt. Festdrücken und mit Erde auffüllen!

2

## Wasser marsch!

Nach dem Einpflanzen wird kräftig gegossen, damit die Pflanzen gut anwachsen können.

## Naschkatzen

3

Endlich ist es so weit: Aus den Blüten sind leckere Früchte gereift, denen niemand widerstehen kann – bestimmt auch Mama und Papa nicht.

# Guter Start am neuen Platz

**Kletterpflanzen benötigen, genau wie andere Gartenpflanzen auch, einen gut vorbereiteten Platz, bevor man sie einpflanzt.**

Jungen, frisch gepflanzten Kletterpflanzen können ungünstige Witterungsbedingungen Startschwierigkeiten bereiten. Ihre zarten Triebe sind besonders windanfällig, junge Wurzeln trocknen schnell aus. Um Ihren Pflanzen die Eingewöhnung am neuen Standort zu erleichtern, sollten Sie bei der Vorbereitung zur Pflanzung besonders sorgfältig vorgehen.

## Die beste Pflanzzeit

Auch wenn man Containerpflanzen bei günstiger Witterung das ganze Jahr über pflanzen kann, sind Herbst oder zeitiges Frühjahr am besten. Im Sommer behindern Austrocknung und im Winter Fröste die Wurzelbildung. Im Herbst ist der Gartenboden aufgewärmt und die Wurzeln haben genug Zeit, sich in ihrer neuen Umgebung einen Weg zu suchen. Mit zunehmender Tageslänge im Frühling bekommt die Pflanze genug Licht, und regelmäßige Niederschläge sorgen für ausreichende Bodenfeuchtigkeit. Bis zum Wintereinbruch ist die Kletterpflanze fest an ihrem Platz verwurzelt und kräftig genug, die kalten Tage ohne Schaden überstehen zu können. Kletterhortensie oder Strahlengriffel sind als Jungpflanzen frostanfällig, werden aber immer robuster. Um sie allmählich an ihre Umgebung zu gewöhnen, empfiehlt sich die Pflanzung im Frühjahr. Zusätzlich sollte man sie vor dem Wintereinbruch mit Bastmatten o. ä. geeignetem Material umwickeln.

### 1 Vorbereiten

Heben Sie das Pflanzloch tief und breit genug aus. Eine Grundlage aus Kompost oder guter Pflanzerde erleichtert das Anwachsen.

### 2 Einsetzen

Setzen Sie das Gewächs nun schräg in das Pflanzloch in Richtung Kletterhilfe ein und zwar nicht tiefer, als es vorher im Topf eingetopft war.

### 3 Halt geben

Die junge Pflanze braucht Halt. Drücken Sie die Erde gut fest und stecken Sie eine vorläufige Rankhilfe neben dem Wurzelballen in die Erde.

4 *Nach der Pflanzung werden die Wurzeln durch Wässern eingeschlämmt.*

Einjährige Kletterpflanzen stellt man ab Mai, nach den Eisheiligen und den letzten Nachtfrösten, im Kübel auf die Terrasse oder pflanzt sie im Garten aus.

## Pflanzloch vorbereiten

➤ Möchten Sie eine Hauswand begrünen, graben Sie das Loch ca. 50–60 cm davon entfernt, um den Wurzeln genügend Spielraum zu lassen. Im Regenschatten des Hauses bekommen sie sonst zudem kaum Niederschlag. An frei stehenden Rankgerüsten kann der Abstand ruhig etwas kleiner sein.

➤ Die Größe des Pflanzlochs richtet sich nach der Größe des Wurzelballens: Graben Sie das Loch doppelt so tief und doppelt so breit aus.

➤ Dann lockern Sie die Erde am Boden und an den Seitenwänden im Loch mit einem Handrechen auf – die Wurzeln finden so schneller Halt und Wasser fließt leichter ab.

➤ Arbeiten Sie organisches Material wie Kompost oder Mist in den Boden ein. Stark lehmige Böden benötigen zusätzlich etwas Kies oder Sand als Drainage.

## Die Pflanze einsetzen

Stellen Sie die Pflanze vorher etwa eine Stunde lang in einen Eimer mit Wasser. Der Wurzelballen saugt sich langsam voll und trocknet später nicht so schnell aus.

➤ Setzen Sie die Pflanze nur so tief ein, wie sie vorher im Container getopft war, und zwar schräg in Wuchsrichtung. So erreicht sie schneller die Klettervorrichtung. Wurzelnackte Gehölze werden bis knapp über den Stammansatz eingepflanzt.

➤ Füllen Sie nun das Loch mit Pflanzerde auf. Deren Zusammensetzung wirkt sich positiv auf die Bodenstruktur und das Bodenleben aus und ermöglicht problemloses Anwachsen. Mit im Handel erhältlicher torffreier Erde leisten Sie einen aktiven Beitrag zum Schutz der Moore.

➤ Drücken Sie die Erde kräftig an und gießen Sie reichlich – das schlämmt die Wurzeln gut in die neue Erde ein.

➤ Leiten Sie die Triebe an einem Rankstab in die gewünschte Richtung und befestigen Sie sie an der Unterlage (→ Seite 22/23). Aber Vorsicht: Die jungen Triebe brechen leicht! ■

PRAXISINFO

### Einpflanzen mit Plan

**Zeitbedarf:** ca. 40 Min.

**Material:**

- ✗ Kletterpflanze
- ✗ Blumenerde und organisches Material (Kompost)
- ✗ bei Bedarf Sand oder Kies als Drainage
- ✗ Rankhilfe und evtl. Bast zum Anbinden
- ✗ bei Rosen: Handschuhe!

**Werkzeug/Zubehör:**

- ✗ Spaten
- ✗ evtl. Schubkarre zum Transport
- ✗ Gießkanne oder Gartenschlauch

# Nachwuchs selber ziehen

**Viele Kletterpflanzen lassen sich ganz einfach selber ziehen: aus Samen, Stecklingen oder aus Absenkern.**
Sowohl einjährige als auch mehrjährige Kletterpflanzen können auf unterschiedliche Art und Weise Kosten sparend selbst gezogen werden. Oft reicht dafür eine helle Fensterbank. Aber auch direkt im Gartenbeet können Sie Kletterpflanzen vermehren. Die beste Zeit dafür ist das Frühjahr; Absenker schlagen auch im Herbst noch Wurzeln. Draußen können Sie die meisten Pflanzen ab April oder Mai säen. Dann können auch im Haus vorgezogene Pflanzen hinaus. Denken Sie daran, dass manche selbst gezogene Gehölze wie z. B. Blauregen erst nach einigen Jahren blühen. Hier bietet sich statt Eigenzucht der Kauf veredelter Sorten (→ Praxisinfo) an.

An der Veredlungsstelle wurde die Edelsorte auf den Wildling gepfropft.

## Anzucht aus Samen

Einjährige Kletterpflanzen wie Wicken oder Prunkwinden (→ Seite 50/51) lassen sich problemlos aussäen, z. B. aus im Vorjahr gesammelten Samen (→ Spartipp).

➤ Füllen Sie dazu eine Schale mit spezieller Anzuchterde und drücken Sie sie etwas an.

➤ Säen Sie die Samen möglichst gleichmäßig aus, drücken Sie sie leicht fest und sieben Sie eine hauchdünne Schicht Erde darüber.

➤ Sprühen Sie die Saat vorsichtig mit Wasser an, sorgen Sie für gleich bleibend feuchte Erde und eine Raumtemperatur von etwa 18° C.

➤ Nach einigen Tagen zeigen sich die ersten Keimblätter.

➤ Sobald sich das erste normale Blattpaar entwickelt hat, vereinzeln (pikieren) Sie die Pflanzen in kleine Töpfe.

➤ Wenn die Pflanzen kräftig genug sind und einen Wurzelballen ausgebildet haben, werden sie nach den Eisheiligen ins Freie verpflanzt.

➤ Die Jungpflanzen sollten nicht in der prallen Sonne

>> schnell und einfach

SPARTIPP

### Samen selber sammeln

Von Einjährigen lassen sich gut Samen abgeblühter Blütenstände sammeln. Die Samen werden von Blütenresten gesäubert, in eine kleine Papiertüte gefüllt und beschriftet. Lagern Sie sie den Winter über an einem trockenen, kühlen Platz. Ab März werden sie in einem Blumentopf auf der Fensterbank ausgesät.

**Aussaat**
Schon wenige Tage nach der Aussaat bilden sich Keimlinge, die recht bald vereinzelt werden müssen.

**Stecklinge**
Die Triebspitzen der Mutterpflanze bilden schnell Wurzeln. So kann man viele Kletterpflanzen vermehren.

**Absenker**
Ein Absenkertrieb bildet in der Erde nach einigen Monaten neue Wurzeln.

stehen und müssen immer möglichst gleichmäßig feucht gehalten werden.

## Stecklingsvermehrung

Stecklinge zieht man aus jungen Triebspitzen oder Teilstücken einer Pflanze. Sie schlagen in die Erde gesteckt bald Wurzeln und wachsen zu identischen Nachkommen der Mutterpflanze heran.

➤ Trennen Sie 5–10 cm lange Teilstücke unter einem Blattpaar mit dem Messer ab.
➤ Entfernen Sie die untersten Blätter und stecken Sie dann den blattlosen Abschnitt in kleine, mit Erde gefüllte Töpfe.
➤ Tägliches Einsprühen oder eine Plastikfolie über dem Topf verhindert, dass das Substrat austrocknet.
➤ Sobald sich erste Wurzeln zeigen (dazu den Steckling mit einem Pikierstab leicht anheben), wird die Folie entfernt. Wenn die Pflänzchen kräftig entwickelt sind, werden sie ausgepflanzt.

## Triebe absenken

Die Vermehrung durch Absenker ist eine vor allem bei Clematis bewährte Methode.

➤ Wählen Sie dazu einen gesunden Trieb aus.
➤ Wo der Trieb den Boden berührt, ritzen Sie ihn mit einem Messer vorsichtig ein.
➤ Graben Sie darunter einen mit feuchter Erde gefüllten Topf ein und befestigen Sie die eingeritzte Stelle des Triebes in der Mitte des Topfes mit einem gebogenen, in die Erde gesteckten Draht.
➤ Ca. 15 Monate später haben sich Wurzeln gebildet.
➤ Nun wird der Absenker von der Mutterpflanze abgetrennt und verpflanzt. ■

PRAXISINFO

### Wozu Veredlung?

Veredlung dient der Förderung von Eigenschaften wie Blühfreudigkeit oder Frostresistenz.

✗ Bei der Veredlung verwächst der Reiser einer Edelsorte mit einer robusten Wildform (z. B. durch Pfropfung). Dadurch werden z. B. schwachwüchsige, aber attraktiv blühende Sorten gekräftigt.

✗ Veredlung führt schnell zum gewünschten Ergebnis: Manche Pflanzen (z. B. Blauregen) blühen als veredelte Jungpflanzen bereits früher. Bei einer aus Samen gezogenen Pflanze dauert es erheblich länger.

# Rank- und Kletterhilfen

**Nur Selbstklimmer klettern selbstständig – andere Kletterer brauchen Rankhilfen, um an Höhe zu gewinnen.** Die Auswahl an Klettergerüsten, Rankgittern und Seilkonstruktionen im Fachhandel ist fast genauso groß wie das Angebot an Kletterpflanzen. Vor dem Kauf stellt sich die Frage, worauf die Rankhilfe befestigt wird oder ob sie frei stehend errichtet werden soll. Je nachdem um welche Kletterpflanze es sich handelt, sollte man deren spätere Größe mit in Betracht ziehen und auch für die nötige Stabilität sorgen.

*Seilsysteme für Hausfassaden müssen stabil sein und gut befestigt werden.*

## Rankhilfen an Fassaden

Hauswände und Mauern sind beliebte Standorte für Kletterpflanzen. Gerüstkletterer lassen sich an gespannten Drahtseilen ebenso hochziehen wie an Holz- oder Metallspalieren. Bedenken Sie, dass das Gerüst bei noch jungen Kletterpflanzen oder im unbelaubten Zustand nicht immer von Blattwerk verdeckt wird. Die Rankhilfe sollte also möglichst dekorativ sein und sowohl zu der Pflanze als auch zum Stil des Hauses passen.

➤ Spaliere können Sie an Pavillons, Mauern oder Fassaden als Kletterhilfe einsetzen. Die Gitterstruktur gibt den verschiedensten Pflanzen sicheren Halt. Beim Befestigen an der Wand achten Sie darauf, dass der Abstand mindestens 5–15 cm, je nach Triebstärke der Kletterpflanze, beträgt. Spaliere gibt es in verschiedenen Stärken. Die Wahl richtet sich wieder nach der Größe der Kletterpflanze. Für zarte Clematis-Triebe beispielsweise reicht ein kleiner Durchmesser (max. 1 cm) und eine Gitterweite von 10–20 cm. Je größer die Pflanze, desto grobmaschiger und stärker dürfen dann auch die Kanthölzer sein.

➤ Seilsysteme aus Edelstahl erhalten Sie im Fachhandel in verschiedenen Ausstattungen, inklusive der nötigen Abstandhalter zur Wand. Hier legen Sie die Gitterweite selber fest, ebenso die Ausrichtung: Kletterrosen werden möglichst waagerecht angebunden, Wein, Knöterich oder Geißblatt benötigen auch senkrecht nach oben gespannte Seile. Bevor Sie die Konstruktion befestigen, sollten Sie sicher sein, dass das Mauerwerk das zusätzliche Gewicht trägt. Vor allem starkwüchsige Pflanzen wie Knöterich, Glyzine oder Pfeifenwinde belasten Seilsystem und Wand mit einem beachtlichen Gewicht. Sichern Sie sich beim Befestigen in großen Höhen ab, oder besser: Beauftragen Sie einen Fachmann mit der Arbeit.

## Pergola und Laube

Aufwändige Holz- oder Metallkonstruktionen für einen Freisitz im Garten oder am Haus erfordern stabile Betonfundamente und sollten nur von Fachleuten errichtet werden. Im Branchenbuch oder in Kleinanzeigen finden sich inzwischen eine Reihe darauf spezialisierte Betriebe.

## Frei stehende Gerüste

Im Beet stehende Klettergerüste sind dekorativ und für kleinere Kletterpflanzen ideal.

➤ Torbögen oder Obelisken aus Stahl erzeugen besonders mit Rosen eine romantische Stimmung im Garten. Diese Kletterhilfen sind zwar sehr stabil, für große Pflanzen von mehr als 2,50 m Höhe aber nicht mehr geeignet. Sie sollten im Boden verankert (einbetoniert) werden.

➤ Berankte Steinsäulen und -figuren schaffen mit ihrem antiken Flair ebenfalls eine recht verwunschene Atmosphäre und einen Hauch von ungestörtem Dornröschenparadies. Achten Sie unbedingt auf sicheren Stand!

*Ein aus Zweigen gebautes Rankgerüst dient der Clematis als Kletterhilfe.*

➤ Weidengerüste für kleinere, einjährige Kletterpflanzen bleiben oft nur eine Saison im Garten. Sie verwittern leichter und sind auch weniger stabil als Metallkonstruktionen, müssen aber nur in die Erde gesteckt und nicht aufwändig gesichert werden.

➤ Stäbe aus Holz, Metall und Bambus sind witterungsbeständiger, tragen aber ebenfalls kein großes Gewicht. Zur Stabilisierung kann man sie zu einer Pyramide zusammenbinden. ■

PRAXISINFO

### Putz-Munter

Kletterpflanzen an Fassaden sind nützlicher als man denkt:

- ✗ Ihre Blätter wirken isolierend: Im Sommer bleibt es im Haus kühl, im Winter warm.
- ✗ Die dichte Pflanzendecke schützt vor Feuchtigkeitsschäden an der Fassade – der Putz bleibt länger trocken und sauber.
- ✗ Schadhafte Stellen lassen sich mit Rankgittern gut kaschieren.
- ✗ Kletterpflanzen verleihen dem städtischen Alltagsgrau etwas mehr Farbe.

# Anleiten & fixieren

**Bei jungen Kletterpflanzen ist die richtige Erziehung am Anfang der beste Start für optische Höhenflüge.**

Um für einen gleichmäßigen Wuchs zu sorgen, binden Sie die jungen Triebe am Klettergerüst fest. Diesen Vorgang bezeichnet der Gärtner als »Anleiten«. So geben Sie der Pflanze Form und Struktur ihres Wuchses vor und verhindern, dass sie nach einiger Zeit zu einem undurchdringbarem Knäuel wird und ihren optischen Reiz verliert.

*Mit einer Achterschleife kann man Triebe haltbar und schonend fixieren.*

➤ Angeleitet werden sollten vor allem Kletterpflanzen, die eine Rankhilfe benötigen. Bei Spreizklimmern empfiehlt es sich, die Triebe waagerecht anzuleiten und am Gerüst festzubinden. Spezielle physiologische Vorgänge in der Pflanze bewirken so eine stärkere Blütenbildung als bei senkrecht gezogenen Trieben. Neu gebildete Triebe müssen regelmäßig festgebunden werden, wenn sie nicht gerade in ein Gebüsch hineinwachsen und dort im Blattwerk Halt finden.

➤ Schlinger, Winder und Ranker werden fächerförmig am Gerüst angeleitet. Sie suchen sich ihren Weg dann von allein nach oben.

➤ Bei bereits an ihrem Gerüst etablierten Pflanzen mit ausgeprägten Kletterorganen ist ein Anleiten in der Regel nicht mehr nötig. Lediglich aus optischen Gründen, etwa um mehr seitlichen Wuchs zu fördern, sind hier entsprechende Erziehungsmaßnahmen sinnvoll.

## Triebe anbinden

Unabhängig davon, wie die Pflanze am Klettergerüst befestigt wird, gibt es verschiedene geeignete Materialien. Preislich unterscheiden sie sich nur unwesentlich.

➤ Für holzige Triebe, die mit der Zeit an Umfang zunehmen, verwenden Sie dehnbares Material wie Naturbast, das den Stamm nicht einschnürt oder verletzt. Mit einer so genannten Achterschleife fixieren Sie den Trieb in einem festen Abstand zum Klettergerüst. Knoten Sie dazu ein etwa 30 cm langes Stück Bast an einer Strebe der Rankhilfe so fest, dass zwei gleich lange Enden bleiben. Diese werden in 5–10 cm Abstand über Kreuz um den Spross der Kletterpflanze herumgeführt, wieder über Kreuz zurückgeführt und schließlich am Stab fixiert. Die Schnur bildet nun die Form einer liegenden Acht.

➤ Bei einjährigen oder ausdauernden Kletterern mit nur geringem Dickenwachstum, dazu gehören z. B. Clematis, Duftwicken oder

*Die Ruten von Echtem Wein bindet man waagerecht an der Unterlage fest. So lassen sich breite Flächen begrünen.*

Trichterwinden, können Sie aber auch Draht zum Fixieren benutzen. Kontrollieren Sie dann regelmäßig, ob die Triebe nicht eingeschnürt werden. Lockern Sie den Draht bei Bedarf oder wechseln Sie ihn rechtzeitig aus.

## Erziehungsmaßnahmen

Auch für die gleichmäßige Begrünung eines Klettergerüstes, sei es eine Pergola oder das Spalier an einer Hauswand, brauchen die Pflanzen Ihre helfende Hand.

➤ An einer Hauswand lenken Sie den Wuchs zunächst in die Breite. Binden Sie dazu die Seitentriebe der Pflanze an die waagerechten Verstrebungen des Spaliers. Die Triebe verdichten sich durch weitere, nach oben strebende Seitentriebe, und im Laufe der Zeit entsteht so eine blickdichte, blühende Wand.

➤ Bei einer Pergola leiten Sie die Pflanzen zuerst an den Pfosten bis auf die gewünschte Höhe. Dann binden Sie die Triebe an den waagerechten Stützen fest und geben so die Wuchsrichtung vor (→ Praxisinfo Seite 9). Helfen Sie ab und zu mit der Schere nach, wenn sich Ausreißer ungewollt selbstständig machen. Es kann aber auch den Charme einer eingewachsenen Pergola erhöhen, wenn die Ordnung hin und wieder von herabhängenden Trieben durchbrochen wird. ■

PRAXISINFO

### Die Kurve kriegen

Schlinger und Winder sollten ihrer natürlichen Winderichtung entsprechend angeleitet werden. Maßgeblich ist dabei die Richtung, aus der der Trieb kommt.

✗ **Linkswindende Arten:**

Baumwürger
Feuerbohne
Japanischer Blauregen
Pfeifenwinde
Schwarzäugige Susanne
Sternwinde

✗ **Rechtswindende Arten:**

Chinesischer Blauregen
Geißblatt
Hopfen

# In Hochform bringen

**Mit gezielten Erziehungsmaßnahmen schaffen Sie neue Einsatzmöglichkeiten und dekorative Effekte.** Kletterpflanzen wachsen einem schnell über den Kopf, wenn man sie nicht rechtzeitig zu einem bestimmten Wuchs erzieht. Wenn Sie nur wenig Platz haben oder auf optische Aspekte Wert legen, können Sie die Kletterer mit ein paar Tricks einfach in die gewünschte Form bringen.

An einer vorgeformten Stahlpyramide rankt Efeu in Kegelform empor.

## Spiralförmiger Wuchs

Kleinere, frei stehende Rankgerüste lassen sich auch mit höheren Kletterpflanzen begrünen. Dazu müssen Sie die Triebe spiralförmig um die Kletterhilfe wickeln. Achten Sie aber darauf, dass das Gerüst stabil genug ist. Wenn Sie die Triebe waagerecht anleiten, blühen die Pflanzen üppiger (→ Seite 22/23). Infrage kommen dafür z. B. Winterjasmin, Kletterrosen oder Geißblatt-Arten.

Wenn die Triebe bereits an der Basis zu spiralförmigem Wuchs erzogen werden, blühen sie auch weiter unten. So fördern Sie einen Blütenflor, den kaum eine andere Gartenpflanze übertreffen wird. Beginnen Sie damit im Winter oder zeitigen Frühjahr, wenn die Pflanzen noch unbelaubt sind.

➤ Entfernen Sie alle Seitentriebe und schneiden Sie alte und kranke Triebe aus, sodass nur lange, gesunde Haupttriebe übrig bleiben.

➤ Diese wickeln Sie spiralförmig um das Gerüst und binden sie dann daran fest.

➤ Sobald sich im Frühling und Sommer neue, lange und biegsame Triebe bilden, wickeln Sie diese ebenfalls um das Gerüst und fixieren sie (→ Seite 22/23).

➤ Entfernen Sie jedes Jahr vorsichtig alle Blütentriebe, die älter als drei Jahre sind. So fördern Sie junge, blühfreudige Triebe. Alte Triebe werden an der Basis oder am Ansatz neuer Triebe entfernt.

➤ Bei Rosen sollten Sie außer Handschuhen auch immer eine Schutzbrille tragen. Die stachligen Triebe können schnell ins Auge geraten.

## Hochstammerziehung

Einen besonders hübschen Aspekt im Beet erzielen Sie, wenn Sie Ihre Kletterpflanze zu einem Hochstamm erziehen. Für diese Sonderform eignen sich vor allem Pflanzen, die eine stabile, holzige Basis ausbilden, denn diese muss als Stamm das spätere Gewicht der Krone tragen. Außerdem sollte sich die Pflanze schnell verzweigen, denn mit langen, wild nach unten hängenden Ranken

Frei stehende Glyzinen sind ein Blickfang in jedem Frühlingsbeet.

wird sie kaum eine ansprechende Figur machen. Einige Kletterpflanzen kann man auch schon als Hochstamm kaufen: z. B. Glyzinen, Geißblatt, Kletterhortensien, Strahlengriffel oder Wein. Selbst Efeu läuft so zu neuer »Höchstform« auf. Die Bougainvillea eignet sich dafür nur als nicht winterharte Pflanze im Kübel. Hochstamm-Kletterpflanzen benötigen eine stabile Stütze, an der der Stamm angebunden und hochgezogen wird. An der Spitze können Sie zusätzlich einen Gerüstfächer anbringen, der die Pflanzen gleichzeitig in Form bringt und stützt. Das Gewicht, das im Alter auf die Basis drückt, unterschätzt man leicht. Außerdem sind die Pflanzen von Natur aus nicht darauf ausgerichtet, ihr Gewicht selbst tragen zu müssen. Gehen Sie bei der Hochstammerziehung am besten folgendermaßen vor:

➤ Setzen Sie eine Stütze neben die Kletterpflanze, z. B. einen Holz- oder Eisenstab.

➤ Binden Sie den Haupttrieb daran fest. Verwenden Sie eine Schnur aus belastbaren Pflanzenfasern, z. B. Kokos. Diese schnürt den dicker werdenden Stamm nicht ein und lässt sich bei Bedarf einfach lockern oder erneuern.

➤ Kürzen Sie dann den Haupttrieb oberhalb der Stütze um ca. ein Drittel ein.

➤ Im ersten Winter kürzen Sie alle Seitentriebe auf zwei bis drei Augen (die neuen Austriebstellen). Kürzen Sie den Haupttrieb erneut und lassen drei Augen stehen.

➤ Im Sommer trennen Sie die Spitze des Haupttriebs auf der Höhe ab, auf der der Hochstamm austreiben soll. Kürzen Sie alle Seitentriebe um die Hälfte, um somit die Verzweigung und die Bildung neuer Triebe zu fördern. Kontrollieren Sie den festgebundenen Stamm. Lockern Sie falls nötig die Fixierung.

➤ Im darauf folgenden Jahr entfernen Sie alle Seitentriebe am Haupttrieb in voller Länge direkt am Stamm. An der Spitze kürzen Sie alle neuen Triebe um die Hälfte bis zu zwei Drittel ein. Die Triebe verzweigen sich, eine dichte Krone entsteht.

➤ Regelmäßiger Schnitt in den Folgejahren hält den Hochstamm in Form. ■

PRAXISINFO

### Gut in Form

Schnittverträgliche und kleinwüchsige Kletterpflanzen sind für den Bewuchs von vorgeformten Rankgerüsten (z. B. Tierformen, Kugeln) ideal:

- ✗ Dazu eignen sich z. B. Efeu, Geißblatt oder Kletterspindel.
- ✗ Leiten Sie die Triebe regelmäßig am Formgerüst an und binden Sie sie wenn nötig fest.
- ✗ Regelmäßiger Schnitt fördert die Verzweigung, die Pflanzen werden dichter und verdecken das Rankgerüst mit der Zeit.

# Weite Kreise ziehen

**Mit kreativen Ideen für Klettergerüste erzielen Sie auf Mauern und Wänden herrliche Effekte, die bewundernde Blicke auf sich ziehen.**

Im Sommer blüht und grünt es an Mauern und Wänden, sodass sie darunter kaum mehr zu sehen sind. Hässliche, unansehnliche Fassaden sind darunter geschickt verborgen – bis das fallende Herbstlaub sie schonungslos zum Vorschein bringt. Denn die meisten Kletterpflanzen in unseren Gärten verlieren ihr Laub im Herbst, bis sie im Frühjahr wieder neu austreiben. Die lange Zeit bis zum Frühjahr lässt sich aber gut überbrücken – mit dekorativen Klettergerüsten, die ihren botanischen Untermietern durchaus Konkurrenz machen können.

Eine schöne Ergänzung zum üppigen Rosenflor z.B. sind dekorative Weidenruten, die, zu verschieden großen Kreisen gebunden, an der Wand ein ungewöhnliches Rankgerüst bilden. Natürlich sind auch andere symmetrische und einfallsreiche Formen denkbar: Lassen Sie einfach Ihrer Fantasie freien Lauf! Müssen Sie Ihren Efeu nicht mal wieder in die Schranken weisen? Wie wär's in Form eines grünenden Liebesbeweises? Mit einer Schablone an der Wand gelingt das ganz leicht – auch wenn der Efeu als Selbstklimmer diese Hilfe eigentlich nicht nötig hat.

### > Herz am rechten Fleck

Von einem so hübschen Herz am Haus lässt man sich gern empfangen. Neben Efeu eignen sich auch andere Selbstklimmer für diese Gestaltung. Jährlicher Rückschnitt bringt den Liebesbeweis immer wieder in Form.

## Ringe formen

1

Ein dekoratives Rankgerüst für Ihre Kletterrosen entsteht aus zu Kreisen gebundenen Weidenruten. Die Ringe werden mit einer weiteren biegsamen Weidenrute umwickelt und bleiben so in der gewünschten Form.

2

## Befestigen

Nun können Sie die Ringe mit Hammer und mehreren Nägeln wunschgemäß an der Mauer befestigen und die Zweige der Pflanze daran hochleiten.

## Dornröschen lässt grüßen

3

Das Ergebnis kann sich sehen lassen! In kurzer Zeit hat die Kletterrose ihr neues Zuhause erobert und verleiht der vormals kahlen Mauer ein märchenhaftes Ambiente.

# Schöne Aspekte das ganze Jahr

**Gut platziert setzen Kletterpflanzen das ganze Jahr über Akzente: im Beet genauso wie in luftiger Höhe.**
Mit etwas Planung können Sie Ihre Kletterpflanzen im Garten so pflanzen, dass Sie das ganze Jahr über Freude an üppigen Blüten, auffälligen Früchten und einer schönen Blattfärbung haben. Wenn Sie die Blütenfolge der einzelnen Arten beachten, können Sie sie so geschickt zusammenstellen, dass sie einander vom zeitigen Frühjahr an mit immer neuer Blütenpracht ablösen. Auch in Kombination mit den Farbtönen anderer Beetpflanzen ergeben sich dabei hübsche Aspekte. Manche Arten haben unauffällige Blüten, dafür aber interessante Früchte oder ungewöhnliche Blätter. Und selbst im Winter setzen Kletterpflanzen Akzente: Dann schlägt die Stunde der Immergrünen, deren grünes Kleid aufs Schönste das Grau und Weiß des Winters belebt.

*Im Sommer blühen Rosen und Clematis um die Wette.*

## Frühlingshafte Pracht

Das erste Grün, die ersten Blüten – nichts wird nach langen, grauen Wintertagen außer den wärmenden Sonnenstrahlen sehnsuchtsvoller erwartet. Der Star unter den früh blühenden Kletterpflanzen ist unangefochten die Bergwaldrebe mit ihren zartrosa Blüten. Wenn sich viele Gartenblumen mit ihrem Austrieb noch Zeit lassen und die meisten Bäume noch kahl sind, ist sie bereits auf dem Höhepunkt angelangt. In den Startlöchern steht dann bereits der Blauregen mit hängenden Blütentrauben in Weiß, Rosa und vor allem Blau. Sein Blütenreichtum und der zarte Duft ist für viele der Inbegriff von Frühling. In schattigen Gartenecken fangen jetzt auch die weißen Blütenbälle der Kletterhortensien an zu leuchten.

*Im Herbst leuchten die roten Früchte des Baumwürgers schon von Weitem.*

## Im Sommer Blüten pur

Der spezielle Duft des Sommers begleitet Sie in diesen Monaten beim Gang durch den Garten – hervorgerufen durch die Blütenpracht der Kletterrosen, die in kaum einem Garten fehlen dürfen. Ob einmal oder öfter blühend, einfach oder gefüllt, rosa, weiß, rot oder gelb – Kletterrosen läuten den Sommer ein und begleiten ihn bis zum Herbst. Dazu gesellen sich Jasmin, Clematis, Trompetenblume und Geißblatt, deren verführerischer Duft vor allem in lauen Abendstunden an einem lauschigen Sitzplatz die Sinne betört.

## Farben-Feuerwerk im Herbst

Wenn die Tage kürzer werden und sich die milden Sommernächte dem Ende zuneigen, schlägt die Stunde der prächtigen Herbstfarben. Kaum in Erscheinung getreten war der Wilde Wein bis dahin – jetzt rückt er ins Rampenlicht mit kräftig gelb und rot gefärbten Blättern. Auch Blauregen trumpft mit leuchtend gelber Blattfärbung noch einmal auf.
Doch nicht nur die bunten Blätter bereichern den Garten. Auch Naschkatzen haben Saison! Trauben, Kürbisse und Hagebutten sind jetzt reif und warten darauf, geerntet und verarbeitet zu werden. Manche Früchte wie die des Geißblatts oder die flaumigen Samenstände der Clematis eignen sich hervorragend als Material für herbstliche Dekorationen.

*Die dichten Blütentrauben der Glyzinen läuten den Frühling ein.*

## Immergrün im Winter

Im Winter haben immergrüne Kletterpflanzen wie Efeu und Winterjasmin Saison, die eine erfreuliche Abwechslung zu Schnee und grauen Regentagen bieten. Ihre wärmeisolierende Wirkung an Hausfassaden macht sich nun positiv bemerkbar. ■

PRAXISINFO

### Buntes Herbstkleid

Diese Kletterpflanzen bringen Farbe ins Spiel:

- ✗ Baumwürger
- ✗ Chines. Baumschlinge
- ✗ Glyzine
- ✗ Jungfernrebe
- ✗ Kanadischer Mondsame
- ✗ Kletterhortensie
- ✗ Pfeifenwinde
- ✗ Scharlachwein
- ✗ Scheinrebe
- ✗ Schlingknöterich
- ✗ Wilder Wein

# Kletterpflanzen unter sich

**Beschränken Sie sich nicht nur auf eine Art – gerade die Kombination verschiedener Kletterpflanzen miteinander ist besonders reizvoll.**

Nur bei einjährigen Kletterpflanzen werden Sie den ganzen Sommer über mit Blütenflor verwöhnt; die Blütezeit mehrjähriger Kletterpflanzen ist meist auf einen kurzen Zeitraum begrenzt. Wenn Sie verschiedene Arten geschickt kombinieren, entstehen im Jahreslauf aber immer wieder aufs Neue schöne Aspekte.

*Clematis und Thunbergia alata bilden farblich einen schönen Kontrast.*

## Tipps für die Gestaltung

Besonders attraktiv wirkt die Zusammenstellung verschiedener Kletterpflanzen, wenn Sie dabei ein paar wesentliche Gestaltungsregeln beachten.

➤ Blütenfarben kann man so zusammenstellen, dass sich ruhige Ton-in-Ton-Kombinationen ergeben oder mit kontrastierenden Farben eine lebendige Wirkung erzielt wird.

➤ Achten Sie beim Kauf auf unterschiedliche Blütezeiten. Auf diese Weise können Sie sich das ganze Jahr über an nicht enden wollender Blütenpracht freuen.

➤ Wichtig bei der Auswahl geeigneter Kombinationspartner ist, dass sie sich in ihrer Vitalität nicht gegenseitig einschränken. Wählen Sie möglichst Arten, die in ihrem Ausbreitungsdrang ähnlich sind. Eine Glyzine etwa würde eine großblumige Clematis in kürzester Zeit verdrängen und auch weit überragen.

## Immergrün im Schatten

In Bereichen, in die nur wenig Sonnenstrahlen vordringen, können Sie mit Immergrünen und deren verschiedenen Blattfarben und -größen experimentieren. Efeu und Spindelstrauch sind auch als Sorten mit weiß gerandeten, gelb-grün panaschierten Blättern oder Blättern in verschiedenen Grüntönen erhältlich. Kombinieren Sie dazu noch das Immergrüne Geißblatt. Die hellen Blüten erscheinen von Mai bis Juli und fallen vor dem dunklen Blätterdickicht richtig schön auf.

## Rosen und Clematis

Eine an Romantik kaum zu überbietende Kombination ist die von Rosen und Clematis. Die Clematis rankt problemlos an den Trieben der Rose hoch, ohne die Rose dabei zu beeinträchtigen. Am besten eignen sich hierfür alte Strauchrosen, Climber oder Rambler (→ Seite 48) und alle Kletterrosen, die an Mauern, Pergolen, Zäunen usw. emporranken. Wählen Sie Clematis, die an ihren diesjährigen Trieben blühen, also erst im Spätsommer ihre Blüten zeigen – dann kommen sich Rose und Clematis bezüglich der Schnittzeitpunkte nicht in die Quere (→ Seite 38/39). Früh blühende Wildformen, wie *Clematis alpina* oder *Clematis montana*, müssen nur dann geschnitten werden, wenn sie zu groß werden und alles andere überwuchern. Die Blütenfarben von Clematis und Rosen passen meist gut zusammen. Vorsicht nur bei Rosatönen – diese können sich unter Umständen beißen. Um sicherzugehen, dass ein harmonisches Bild entsteht, achten Sie entweder auf unterschiedliche Blütezeiten oder kombinieren Sie Rot oder Rosa mit Weiß oder Violett, sodass mit voller Absicht ein starker Farbkontrast entsteht.

Die jeweiligen Kletterpflanzen sind so sortenreich im Handel erhältlich, dass sie miteinander kombiniert ein unerschöpfliches Repertoire an Gestaltungsmöglichkeiten aufzeigen:

- großblumige mit kleinblütigen Sorten
- gefüllte mit ungefüllten,
- kontrastierende oder harmonierende Farben,
- früh oder öfter blühende Sorten mit spät blühenden.

Schön ist, was gefällt!

*Rosen und Clematis wachsen sich entgegen: eine der schönsten und reizvollsten Kombinationen von Kletterpflanzen.*

## Großer Auftritt für die Einjährigen

Eine Sichtschutzwand auf der Terrasse oder dem Balkon ist mit einjährigen Kletterpflanzen schnell begrünt. Auch hier können Sie aus einer Vielzahl von Kombinationsmöglichkeiten wählen. Für die Ton-in-Ton-Gestaltung mit Violett und Rosa bieten sich z. B. Glockenreben, Duftwicken und rosa Trichterwinden an. Für kontrastreichere Varianten mit Rot und Gelb kommen Schwarzäugige Susanne und Kapuzinerkresse in Frage – so können Sie jedes Jahr aufs Neue Ihre Gestaltungsideen für blütenreiche Wände in die Tat umsetzen und immer wieder für Abwechslung sorgen.

Natürlich können Sie auch einjährige mit mehrjährigen Kletterpflanzen kombinieren und so die Palette möglicher Aspekte noch erweitern. ■

PRAXISINFO

### Clematis-Reigen

- **Frühling:** *Clematis alpina* (violettblau), *montana* 'Rubens' (rosa)
- **Frühsommer + Sommer:** Clematis 'The President' (violett), 'Bees Jubilee' (hellrosa), 'Nelly Moser' (rosalila), 'Mrs. George Jackman' (weiß)
- **Sommer + Spätsommer:** *Clematis orientalis* (gelb), *texensis* (hellrot), 'Comtesse de Bouchaud' (rosa), 'Étoile Violette' (purpur), 'John Huxtable' (weiß)

# Partnerlook im Beet

**Stauden und Sträucher sind ideale Partner für Kletterpflanzen. Sie ergänzen sich gegenseitig aufs Schönste.** In einem Beet harmonieren sie mit den bunten Blüten der Stauden und Einjährigen und setzen reizvolle Höhepunkte. Sträucher nutzen sie als Kletterhilfe und betonen deren optische Wirkung.

*Wicken treiben den bunten Flor im Beet am Rankgerüst auf die Spitze.*

## Krönung im Beet

Im Staudenbeet sorgen die Kletterer z. B. an einem frei stehenden Obelisken für eine schöne Kulisse im Hintergrund. Wenn Blütenfarben und Blütezeitpunkt auf die der übrigen Beetpflanzen abgestimmt sind, tragen Kletterpflanzen wesentlich zum harmonischen Gesamteindruck des Beetes bei. Je nach Jahreszeit ergeben sich dabei ganz verschiedene Aspekte:

- Ein Farbenmeer aus Rot, Rosa und Violett bilden zur Blütezeit Katzenminze, Roter Sonnenhut und rosa blühende Wildrosen. Im Spätsommer und Frühherbst färben sich die Blätter der Stauden rötlich-gelb. Die Wildrosen bilden in dieser Zeit orangerote Hagebutten, die farblich perfekt dazu passen.
- Geißblatt oder Clematis sollten in ihren Blütenfarben ebenfalls der Farbe der umgebenden Stauden wie z. B. Fingerhut oder Rittersporn angepasst sein. Im Herbst stellen sich dann zusätzliche, attraktive Effekte mit Geißblatt-Früchten und den flaumigen Samenständen der Clematis ein. Diese halten sich den ganzen Winter über an der Pflanze und verzaubern so, von Raureif überzogen, den winterlichen Garten.

## Kletterpflanzen in Sträuchern

So schön und auffällig die meisten Blütensträucher im Garten auch blühen – die Blütezeit ist meist nur von kurzer Dauer. Manche Sträucher haben so attraktive Blätter, dass sie weiterhin neben ihrem praktischen Nutzen, z. B. als Windschutz, auch nach der Blüte noch ins Auge fallen. Diejenigen aber, die für den Rest des Jahres ein unauffälliges Dasein fristen, lassen sich, mit Kletterpflanzen berankt, deutlich aufwerten. Deren Blüten wirken auf dem Blattgrün der Sträucher meist intensiver und kommen so erst richtig zur Geltung. Ein gutes Beispiel dafür ist der rotlaubige Perückenstrauch. Rankt daran z. B. eine kleinere Clematis-Sorte empor, bringen seine Blätter die Blüten richtig zum Strahlen.

*Stauden, Kletterrosen und Sträucher im Hintergrund ergänzen sich in diesem Beet zu einem gelungenen Farbensemble.*

Hohe Koniferenhecken, in Gärten oft als Sichtschutz eingesetzt, bieten sich besonders gut für die Berankung mit Kletterpflanzen an. Auch vor deren dunklem Hintergrund leuchten die Blüten der Kletterstars (→ Seite 36/37). Da Koniferen bis ins hohe Alter ohne Schnitt in Form bleiben, können sich die Kletterpflanzen darin ungehindert ausbreiten. Grundsätzlich sollten Sie vor einer geplanten Kombination von Sträuchern und Kletterpflanzen immer Folgendes beachten:

➤ Sträucher, die geschnitten werden müssen, lassen sich kaum mit Kletterpflanzen beranken, ohne diese dabei auf Dauer zu schädigen.

➤ Der Strauch sollte ausgewachsen und gut entwickelt sein. Pflanzen Sie die Kletterpflanze nicht zeitgleich dazu.

➤ Stark wuchernde Kletterpflanzen scheiden als Partner für Sträucher aus.

➤ Lassen Sie sich bei der Auswahl der Partnerpflanzen möglichst von Fachpersonal im Gartencenter oder der Baumschule beraten. ■

TIPP

>> schnell und einfach

### Inspirieren lassen

Achten Sie beim nächsten Ausflug in einen botanischen Garten oder eine Parkanlage auf die Gestaltung von Sträuchern oder Stauden mit Kletterpflanzen – die Kombinationen laden zum Nachahmen im eigenen Garten ein. Vielleicht wären Sie von selbst gar nicht darauf gekommen. Notieren Sie sich die botanischen Namen, dann finden Sie im Gartencenter schneller das Gesuchte.

CHECKLISTE

### Gleich und gleich gesellt sich gern

Diese Voraussetzungen müssen gegeben sein:

✔ Die Standortansprüche der Pflanzen in Bezug auf Boden, Temperatur und Licht sollten weitgehend übereinstimmen.

✔ Das Wuchsverhalten der Partnerpflanzen sollte ausgewogen sein und nicht so, dass die eine die andere dominiert.

✔ Blütezeitpunkt und Blütenfarbe und Fruchtbildung sollten zueinander passen.

# Stars auf Balkon & Terrasse

**Für Balkongärtner erfüllt sich der kletternde Traum in Töpfen und Kübeln. Viele Arten sind auch darin problemlos zu halten.**

Überall dort, wo der Boden versiegelt oder vom luftigen Balkon aus für die Pflanzen unerreichbar fern ist, schaffen Töpfe und Kübel Abhilfe. Von dort starten selbst große Exemplare wie Bougainvillea und Kletterhortensie zu ihren Höhenflügen.

*Für auffällige Farbtupfer auf der Terrasse sorgt die Schwarzäugige Susanne.*

## Blütenfülle für ein Jahr

Nach den Eisheiligen starten die Einjährigen durch. In Windeseile bringen ihre Blüten Farbe auf Balkon und Terrasse. Klettergerüste verwandeln sich in einen wirkungsvollen Sichtschutz. Kahle Fassaden bekommen ein grünes Kleid. Bunte Wicken, gelbe Schwarzäugige Susanne oder rosafarbene Trichterwinden – die Farbpalette ist ebenso vielfältig wie die Auswahl an Pflanzen. Wenn Sie sich nicht entscheiden können, setzen Sie einfach verschiedene Pflanzen mit gleichen Ansprüchen zusammen in einen Topf. Auch mit anderen Balkonpflanzen, wie z. B. Petunien, Geranien oder Vanilleblumen, erzielen Sie einen reizvollen Farb- und Formenmix.

## Mediterranes Flair

Bougainvillea, Sternjasmin oder Trompetenblume lassen Sie zu Hause vom Süden träumen und sorgen für Urlaubsstimmung. Sie gedeihen in großen Kübeln mit integrierten Rankhilfen, müssen aber unbedingt frostfrei überwintert werden. Im Laufe der Jahre wachsen sie zu stattlichen Exemplaren heran. Ihre auffälligen Blüten ziehen die Blicke auf sich. Am schönsten kommen sie vor einem dunklen Hintergrund zur Geltung, etwa in Kombination mit Immergrünen wie Olive oder Lorbeer. Mit aromatischen Kräutern in einem Topf zusammengepflanzt entsteht im Handumdrehen eine kleine Duft-Oase: Thymian oder

>> schnell und einfach

SPARTIPP

### Rose in der Dose

Ausgediente Blechdosen kommen gärtnerisch zu neuen Ehren. Sie eignen sich nämlich aufgrund ihrer hohen Wärmeleitfähigkeit hervorragend als Gefäß für Kübelpflanzen. Frisch lackiert oder auch naturbelassen, mit Abzugsloch für Wasser versehen und mit Erde gefüllt, bieten sie Kletterpflanzen ein originelles neues Zuhause.

Römische Kamille unter einer Duftwicke oder einer Glockenrebe sind dafür ideal.

## Dauerbrenner im Kübel

Die Auswahl an Kletterpflanzen für Balkon und Terrasse beschränkt sich nicht nur auf Einjährige. Auch einige winterharte Vertreter kommen mit der Topfkultur gut zurecht. Klassiker im Kübel sind z. B. die beliebten großblütigen Clematis-Hybriden. Ihre große Popularität verdanken sie den auffallenden Blüten und ihrer Robustheit. Zu Recht, denn bei ausreichender Wasserversorgung und gelegentlichem Düngen erreichen sie schnell ungeahnte Höhen und blühen von Jahr zu Jahr üppiger.
Auch Geißblatt, vor allem wegen seiner duftenden Blüten begehrt, oder Kiwi sind auf Balkon und Terrasse willkommene Gäste. Harmonisch fügen sie sich in das Sommerblumen-Spektrum ein und machen aus einem gewöhnlichen Sitzplatz ein lauschiges Plätzchen.

## Geeignete Rankhilfen

Im Prinzip können Sie die gleichen Rankhilfen wie im Garten verwenden. In einen frei stehenden Topf passt z. B. gut ein Weidengerüst. Eine passende, fertig gekaufte Pyramide oder ein Obelisk eignet sich ebenfalls. Stehen die Töpfe vor einer Wand, befestigen Sie daran ein Spalier oder individuell gespannte Drähte, an denen die Triebe emporranken. Bei Selbstklimmern erübrigt sich diese Arbeit – sie suchen sich allein einen Weg. Auch das Balkongeländer eignet sich als Kletterhilfe, wenn die Triebe daran Fuß fassen können. ■

*Genuss pur: Ein lauschiger Platz zwischen blühenden Kletterpflanzen.*

CHECKLISTE

### So gelingt die Topfkultur

Kletterpflanzen fühlen sich bei guter Pflege auch im Kübel wohl:

- ✔ Das Gefäß muss ausreichend groß sein für den Wurzelraum der Pflanze.
- ✔ Regelmäßiges Gießen und Düngen ist für Topfpflanzen unerlässlich.
- ✔ Frostempfindliche Pflanzen benötigen ein Winterquartier oder einen ausreichenden Winterschutz.
- ✔ Der Transport ist einfacher, wenn die Rankhilfe im Topf und nicht daneben angebracht ist.

# Gemischtes Doppel

Alte Apfelbäume, ausgewachsene Koniferen oder große Bäume sind natürliche Kletterhilfen für Kletterpflanzen. Lassen Sie der Natur einfach ihren Lauf – an dem hübschen Wechselspiel werden Sie Ihre Freude haben!

**Rose im Apfelbaum**
Nach der Apfelblüte setzen weiße Kletterrosen den Blütenflor fort und zaubern romantische Stimmung in Ihrem Garten, wenn sich die langen Blütentriebe bis zum Boden neigen.

**Wilder Wein im dunklen Tann**
Hochwüchsige Nadelgehölze bilden das Gerüst und den Hintergrund für den farbenprächtigen Wilden Wein im Herbstkleid, der sich durch das Geäst bis ganz nach oben rankt.

**Rosige Zeiten**
Eine Ramblerrose verhilft dem alten Obstbaum zu unerwarteter sommerlicher Blütenpracht. Darunter lässt es sich im Schatten aushalten und herrlich träumen und entspannen.

**Fest im Griff**
Efeu ist sehr wüchsig und sollte nur in alte, ausgewachsene Bäume wachsen. Kleinere oder schwächere halten dem starken Konkurrenzdruck nicht stand.

**Auf die Bäume, fertig, los!**
Eine großblütige Clematis rankt an gespannten Seilen am Stamm in luftigere Höhen, wo sie sich ausbreiten kann. Auch kleinere Bäume lassen sich so begrünen.

# Der fachgerechte Schnitt

**Der regelmäßige Griff zur Schere ist unerlässlich, um Kletterpflanzen im Zaum zu halten, Blüten zu fördern oder sie in Form zu bringen.** Gesunde, reich blühende und schön gewachsene Kletterpflanzen erhalten Sie auf Dauer nur, wenn Sie ihnen

*Kürzen Sie Pflanzentriebe immer schräg kurz oberhalb eines Auges ein.*

mindestens einmal im Jahr mit der Wuchsart der Pflanze entsprechenden Schnittmaßnahmen zu Leibe rücken. Die wuchsfreudigen und vitalen Pflanzen erobern sonst in kürzester Zeit Ihren Garten und werden zu dominant. Nur Pflanzen, die in Bäumen hochwachsen oder nur sehr langsam wachsen, bleiben vom Schnitt verschont.

## Die beste Zeit

➤ Im Frühjahr blühende Kletterpflanzen sollten Sie gleich nach der Blüte einkürzen. Während der folgenden Sommermonate wachsen neue Triebe, die Blüten fürs nächste Jahr ansetzen.

➤ Sommerblühende Arten setzen an den im jeweiligen Jahr gebildeten Trieben Blüten an. Die abgeblühten Stängel sind nach der Blüte der beste Winterschutz und bleiben bis zum nächsten Frühjahr dran. Erst nach Abklingen der starken Winterfröste erfolgt der Rückschnitt. Größere Schnittmaßnahmen, die dem Auslichten oder Verjüngen dienen, werden bei Laub abwerfenden Pflanzen im Winter durchgeführt. Bei Immergrünen warten Sie besser bis zum Frühling, da sie sonst Frostschäden davontragen können.

## Richtig schneiden

Wenn man die Schere ansetzt, sollte man einige grundsätzliche Regeln beherzigen, damit der Schnitt auch zum gewünschten Erfolg führt:

➤ Sie brauchen eine gut geschärfte Gartenschere.

➤ Der Schnitt sollte 0,5–1 cm oberhalb einer Knospe erfolgen und zwar so, dass kein Aststummel am Stängel stehen bleibt. Nur dann entsteht eine glatte Schnittfläche, in die kaum Krankheitskeime eindringen können.

➤ Je weiter unten Sie schneiden, desto stärker und kräftiger wächst aus den verbleibenden Knospen ein neuer Trieb heran.

➤ Abgestorbenes oder vom Frost beschädigtes Holz wird bis auf den nächsten gesunden Trieb zurückgeschnitten – auch wenn das bedeutet, dass von der Pflanze fast nichts mehr übrig bleibt.

➤ Zu groß und alt gewordene Kletterpflanzen vertragen einen Verjüngungsschnitt. Dabei lichten Sie allzu dicht wachsende Triebe direkt an der Basis aus! Von

1 **Glyzine**

Nach der Blüte kürzen Sie die biegsamen Triebe bis auf drei Blattpaare ein. Schneiden Sie dieselben Triebe im Winter auf 2 oder 3 Augen zurück.

2 **Clematis**

Im Frühsommer und Herbst blühende Pflanzen werden im März zurückgeschnitten. Abgestorbene und schwache Triebe werden ganz entfernt.

3 **Kletterrose**

Entfernen Sie alle dürren Triebe sowie alle, die 3–4 Jahre oder älter sind und Triebe, die von waagerechten Haupttrieben senkrecht hochwachsen.

den verbleibenden Haupttrieben kürzen Sie ein Drittel der Seitentriebe ein und fixieren sie danach wieder fächerförmig am Gerüst.

➤ Manche Pflanzen wie Rosen oder Bougainvilleen danken es mit vielen neuen Blüten, wenn Sie die alten, abgeblühten entfernen oder ausputzen. Schneiden Sie den Blütenstand bis zum nächsten vollständig entwickelten Blattpaar zurück.

## Der Clematis-Schnitt

Clematis erfordern besonderes Know-how, um ihnen gekonnt mit der Schere Einhalt zu gebieten.
Clematis teilt man für den Schnitt in drei Gruppen ein:

➤ Zur ersten Gruppe gehören die meisten Wildarten. Sie werden nur zurückgeschnitten, wenn sie zu groß geworden sind. Bei Frühjahrsblühern schneiden Sie alle Haupttriebe direkt nach der Blüte um ein Drittel zurück.

➤ Die zweite Gruppe bilden alle zweimal blühenden, großblütigen, gefüllten und einfachen Formen. Abgeblühte Blütentriebe werden im Frühjahr bis auf ein kräftiges Auge entfernt, so wie alte und schwache Triebe (→ Abb. 2).

➤ Zur dritten Gruppe gehören die spät blühenden Clematis. Sie werden jährlich im Frühling bis auf Kniehöhe oberhalb eines Knospenpaares abgeschnitten. ■

PRAXISINFO

### Schnittgerechte Ausstattung

**Material:**

- ✗ Handschuhe, bei Rosen zusätzlich eine Schutzbrille
- ✗ großer Korb oder Schubkarre zum Sammeln von Schnittgut
- ✗ Bast oder andere Bindematerialien zum erneuten Festbinden der verbleibenden Triebe

**Werkzeug:**

- ✗ je nach Stärke der Triebe Astschere, Säge oder Gartenschere
- ✗ evtl. eine Leiter, um auch die oberen Triebe zu erreichen

# Kleines Pflege-Know-how

**Kletterpflanzen erfolgreich über Jahre im Garten zu etablieren, erfordert Pflege und Zuwendung.**

Im Garten ausgepflanzte und eingewachsene Kletterpflanzen benötigen nur während

*Nematoden gegen Dickmaulrüssler werden dem Gießwasser zugefügt.*

langer Trockenperioden im Sommer zusätzlich Wasser. Alle wichtigen Nährstoffe für Ihre Kletterer enthält spezieller Kletterpflanzendünger. Arbeiten Sie den Dünger für eine reichhaltige Blüte und gesunde Blätter im März in die oberste Bodenschicht ein. Bei Kletterpflanzen im Kübel sollten Sie täglich die Feuchtigkeit der Erde kontrollieren und gegebenenfalls gießen. Kübelpflanzen benötigen auch hinsichtlich Nährstoffen mehr Beachtung. In dem begrenzten Wurzelraum sind die Nährstoffe schneller verbraucht als im Beet (→ Seite 34/35). In der Wachstumszeit sind regelmäßige Düngergaben notwendig.

## Winterschutz

Frostempfindliche Pflanzen brauchen Schutz vor den eisigen Tagen im Winter. In der Regel reicht es, den Wurzelbereich zu schützen. Bei Rosen z. B. schütten Sie Laub kniehoch um die Basis auf und sichern es mit Tannenzweigen vor dem Davonfliegen. Immergrüne haben vor allem mit der Wintersonne zu kämpfen. Wenn der Boden noch gefroren ist, die Blätter aufgrund der Sonneneinstrahlung aber schon Wasser verdunsten, besteht die Gefahr der Frosttrocknis, da die Wurzeln dem gefrorenen Boden kein Wasser entziehen können. Schützen Sie die Immergrünen, indem Sie sie mit Reisig oder Bastmatten beschatten, um so der Verdunstung vorzubeugen.
Bei frostharten Kübelpflanzen umwickeln Sie die Töpfe und damit die Wurzeln der Pflanzen mit Jutesäcken oder einem speziellen Vlies und schützen sie so vor der Kälte.

## Krankheiten und Schädlinge

Leider bleiben auch Kletterpflanzen vor dem Angriff von Pilzen oder Schädlingen nicht verschont. Vor dem Einsatz von Gegenmitteln sollten Sie prüfen, ob Sie die Ursachen nicht beseitigen können.

- Die gefürchtete Clematiswelke verursacht z. B. ein Pilz im Boden. Dabei sterben zuerst die Triebspitzen ab, bevor der ganze Trieb befallen wird. Ursache kann z. B. Staunässe sein, in der sich der Pilz ausbreiten kann. Abhilfe schafft dann eine Drainage.
- Wicken werden gerne von der Fusariumwelke befallen,

einer unheilbaren Pilzkrankheit. Sie äußert sich durch schwarze Blattflecken mit einem weißlich-rosa gefärbten Pilzbelag. Entfernen und verbrennen Sie die Pflanze und tragen Sie die Erde ab.

➤ Eine unheilbare Pilzkrankheit bei Glyzinen löst Hallimasch aus. Am Stammfuß und in der Erde bilden sich büschelweise Pilzgeflechte. Graben Sie in diesem Fall die Pflanze so weit wie möglich aus und verbrennen Sie sie.

➤ Auf Reben und Rosen fühlen sich Mehltau-Pilze wohl. Sie verursachen einen weißlichen Belag auf den Blattoberseiten und später bräunliche Blätter. Abhilfe schafft nur radikaler Rückschnitt.

➤ Ein weiterer Feind der Rosen ist der Sternrußtau, der sich in kreisrunden, schwarzen Blattflecken äußert. Später vergilben die Blätter. Alle am Boden liegenden Blätter müssen entfernt werden. An ihnen überwintern die Sporen und befallen die Pflanze im nächsten Jahr erneut.

➤ Schnecken fügen vor allem jungen Pflänzchen Schaden zu. Schneckenzäune schaffen Abhilfe.

➤ Auch Blattläuse sind ein häufiges Schadbild. Sie befallen vor allem Pflanzen, die zu trocken stehen oder Nährstoffmangel aufweisen. Regelmäßiges Gießen und Düngen wirkt vorbeugend.

➤ Fraßstellen von Dickmaulrüsslern erkennt man an bogenförmigen Blatteinbuchtungen. Die Larven leben im Boden. Nematoden zur biologischen Bekämpfung gibt es im Fachhandel und werden dem Gießwasser beigemischt. Die Ausbringung erfolgt im April/Mai und im August/September.

*Spezieller Kletterpflanzendünger enthält alle wichtigen Nährstoffe.*

PRAXISINFO

## Zeitig vorbeugen

So vermeiden Sie Krankheiten und Schädlinge:

✗ Ein guter Wasserabzug gegen Staunässe verhindert Pilzbefall.

✗ Durch regelmäßiges Auslichten wird die Luftzirkulation besser und beugt so Pilzerkrankungen vor.

✗ Entfernen Sie abgestorbene Zweige und abfallende Blätter, auf denen Pilzsporen und Schädlingen überdauern, sofort.

✗ Achten Sie auf die Standortansprüche Ihrer Kletterpflanzen. Gesunder Wuchs beugt Befall vor.

# Pflanzenporträts

# Sonnenstars

Viele Kletterpflanzen schätzen warme Sonnenstrahlen und recken sich ihnen entgegen. Ihre verschwenderische Blütenfülle verströmt oft einen betörenden Duft und ruft Urlaubsgefühle auf dem Balkon oder unter der Laube im Garten wach. Während sie sich nach der Sonne drehen, entstehen in ihrem Schatten Lieblingsplätze, die vor allem an heißen Sommertagen für Abkühlung sorgen.

Der Herbst ist die Zeit der Leckermäuler und Naschkatzen. Dann sind die Früchte vieler kletternder Obst- und Gemüsepflanzen wie Kiwi, Wein und Kürbis reif und locken mit süßen und saftigen Köstlichkeiten. Die Sonne lässt die Intensität des Geschmacks reifen.

Für gutes Wachstum kontrollieren Sie regelmäßig die Erde um die Pflanze. Die Sonne trocknet den Boden aus, und erst wenn die Wurzeln tief genug reichen, können sich die anspruchsvollen Pflanzen allein mit Wasser versorgen. Bis dahin müssen Sie regelmäßig gießen.

## Baumwürger

*Celastrus orbiculatus*

**Wuchshöhe:** 10–12 m
**Blütezeit:** Mai–Juni
Schlingpflanze, linkswindend

➤ **attraktive Früchte** ✿

**Aussehen:** unscheinbare Blüten; ovale, bis 10 cm lange ganzrandige Blätter; im Herbst dekorative orangerote Samen in gelber Fruchthülle
**Gestaltung:** Einzelstellung; an Fassaden mit stabilem Gerüst, Pergolen und in älteren Bäumen (jüngere werden erdrückt)
**Standort:** anspruchslos; normale Gartenerde
**Vermehren:** Aussaat, Rhizome; zweihäusig, d. h. es gibt weibliche und männliche Exemplare
**Pflege:** Rückschnitt bei übermäßigem Wachstum

## Blauregen, Glyzine

*Wisteria sinensis*

**Wuchshöhe:** 6–15 m
**Blütezeit:** April–Mai
Schlingpflanze, linkswindend

➤ **Frühjahrsblüher**

**Aussehen:** Blüte violett, duftend, dichte Trauben, Blüten vor Laubaustrieb; Blätter unpaarig fiederteilig, hellgrün
**Gestaltung:** an Fassaden mit stabilem Klettergerüst, an Pergolen und in Bäumen
**Standort:** warme Lagen mit ausreichender Wasserversorgung; normale Gartenerde
**Vermehren:** durch Veredlung; bei Vermehrung durch Samen geringere Blühfreudigkeit
**Pflege:** regelmäßiger Schnitt vor und nach der Blüte fördert die Anzahl der Blüten



✿ pflegeleicht · sonnig · halbschattig · schattig · Gerüstklimmer

## Gartenwaldrebe

*Clematis*-Hybriden

**Wuchshöhe:** 2–6 m
**Blütezeit:** Mai–September
Blattstielranker

➤ **dekorative Blüten**

**Aussehen:** Blüte je nach Sorte weiß, rosa, rot, violett, blau, gefüllt und ungefüllt; Blätter meist 3–5zählig; schlanke Triebe; teils überhängender Wuchs
**Gestaltung:** für kleine Gärten und Vorgärten, auch als Kübelpflanze; schöner Blickfang
**Standort:** durchlässiger, frischer bis feuchter Gartenboden, keine Staunässe; Wurzelfuß unbedingt beschatten
**Vermehren:** Stecklinge; Samen
**Pflege:** leichter Rückschnitt im Frühjahr, Frühjahrspflanzung; Jungpflanzen mit Winterschutz

## Strahlengriffel, Kiwi

*Actinidia arguta*

**Wuchshöhe:** 4–7 m
**Blütezeit:** Juni
Schlingpflanze

➤ **essbare Früchte**

**Aussehen:** Blüte 2 cm groß, weiß, duftend; 8 cm große, herzförmige Blätter mit rötlichem Stiel; eiförmige, behaarte, braune Früchte; zweihäusig (männl. u. weibl. Exemplare)
**Gestaltung:** Hausbegrünung, Pergolen, Lauben; in Bäumen
**Standort:** durchlässiger, gleichmäßig feuchter Gartenboden; Wärme liebend
**Vermehren:** Aussaat; Stecklinge
**Pflege:** Weibliche Fruchttriebe an Spitzen kürzen, männliche nach der Blüte auf 1m Länge zurückschneiden; auslichten

## Weinrebe

*Vitis vinifera*

**Wuchshöhe:** 4–8 m
**Blütezeit:** Juni–Juli
Sprossranker

➤ **aromatische Früchte**

**Aussehen:** unscheinbare Blüten in Trauben; 3–5-lappige Blätter mit schöner Herbstfärbung; Weintrauben im Herbst
**Gestaltung:** Hausbegrünung an Spalieren, an warmen Steinmauern, auch frei stehend
**Standort:** nur in voller Sonne; geschützte, sonnige Lage; nährstoffreiche Lehm- und Sandböden; Pflanze tief setzen (Kälteschutz); braucht Platz
**Vermehren:** Veredlung
**Pflege:** mehrmaliger, kräftiger Rückschnitt für Fruchtbildung erforderlich; Winterschutz

Selbstklimmer | schnell wachsend | dezenter/leichter Duft | starker Duft

# Schatten-freunde

Im Schatten geht es hoch her. Kletterpflanzen, die gern im Schutz von Bäumen oder einer Hauswand emporklimmen, können mit ihren sonnenverwöhnten Kollegen gut mithalten. Auch ihre Blüten entfalten einen süßlichen Duft und leuchten hell vor der dunkelgrünen Umgebung. Immergrüne, die auch im Winter noch die Fassaden schmücken, bevorzugen ebenfalls schattige Plätze. Vor allem die oft großen, auffälligen Blätter sind typisch für Schatten liebende Kletterpflanzen. Unterschiedliche Formen und Ausfärbungen bringen hier Abwechslung bei der Gestaltung. Gelbe oder weiß panaschierte Sorten hellen die Umgebung auf. Die verschiedenen Grüntöne der Blätter sind ein wichtiges Stilmittel. Bläuliche, weiße oder rosafarbene Blüten setzen Akzente im Beet.
Auch in Kübeln auf Nord-Balkonen treten diese Arten mit ihren anmutigen Blättern und Blüten effektvoll auf.

## Efeu

*Hedera helix*

**Wuchshöhe:** bis 20 m
**Blütezeit:** September–Oktober
Selbstklimmer

➤ **immergrüner Schmuck** ✿

**Aussehen:** Blüten grüngelb in kugeligen Dolden (erst im Alter von 8–10 Jahren); dunkelgrüne, weiß gestreifte, gelappte–rautenförmige Blätter; ungenießbare Beeren; Haftwurzeln
**Gestaltung:** guter Sichtschutz, Bodendecker, schön in Bäumen, Fassadenbegrünung
**Standort:** wächst in jedem Boden, bevorzugt nährstoffreiche, frische, kalkhaltige Böden
**Vermehren:** Stecklinge, Samen
**Pflege:** vor Wintersonne schützen, anspruchslos, im Austrieb frostempfindlich

## Gelber Hopfen

*Humulus lupulus* 'Aureus'

**Wuchshöhe:** 6–8 m
**Blütezeit:** September–Oktober
Schlingpflanze, rechtswindend

➤ **schöne Blattfärbung**

**Aussehen:** zweihäusig, männl. Blüte unscheinbar in Rispen, weibl. in Kätzchen; 3-5-teilige, rau behaarte Blätter; zapfenförmige Früchte nur an weibl. Pflanzen, grünlich gelb
**Gestaltung:** Sichtschutzfunktion; natürl. Wirkung in Bäumen
**Standort:** feuchter, nährstoffreicher Boden; Blattfärbung an hellem Standort intensiver
**Vermehren:** Wurzel-Stecklinge
**Pflege:** Rückschnitt im Herbst bis auf den Boden (treibt aus unterirdischen Augen wieder aus); junge Triebe anleiten

✿ pflegeleicht | sonnig | halbschattig | schattig | Gerüstklimmer

## Kletterhortensie

*Hydrangea anomala* ssp. *petiolaris*

**Wuchshöhe:** 10–15 m
**Blütezeit:** Juni–Juli
Selbstklimmer

➤ **dekorative Blüte**

**Aussehen:** Blüte weiß, intensiv duftend, große, breite Dolden; Blätter dunkelgrün, herzförmig; Kapselfrüchte; Haftwurzeln; braune Rinde
**Gestaltung:** schöner Blickfang, gut im Kübel, für kleine Gärten
**Standort:** kühl-feuchte Lagen; durchlässiger Boden (keine Verdichtung), Kalk meidend
**Vermehren:** durch Absenker oder Stecklinge
**Pflege:** in jungen Jahren Frostschutz, später frosthart; Schnitt nur, wenn zu groß

## Pfeifenwinde

*Aristolochia macrophylla*

**Wuchshöhe: Höhe:** 8–10 m
**Blütezeit:** Juni–August
Schlingpflanze, linkswindend

➤ **Blattschmuckpflanze**

**Aussehen:** Blüte pfeifenartig, außen gelbgrün, innen braun, groß, gestielt, bis 8 cm lang; bis 30 cm große, herzförmige Blätter; Fruchtkapsel nur selten ausgebildet, ca. 5 cm groß
**Gestaltung:** Sicht- und Sonnenschutz; an Fassaden, Pergolen, Lauben; Blattschmuck
**Standort:** nährstoffreicher, feuchter Boden, auch lehmig; sehr anpassungsfähig
**Vermehren:** Aussaat, Stecklinge, Absenker, Veredlung
**Pflege:** Schnitt nur notwendig, wenn zu groß; frosthart

## Waldgeißblatt

*Lonicera periclymenum*

**Wuchshöhe:** 3–6 m
**Blütezeit:** Mai–Juni
Schlingpflanze, rechtswindend

➤ **intensiver Duft**

**Aussehen:** Blüte gelblich-weiß, rosa-weiß, in mehreren Quirlen übereinander stehend; ovale, ganzrandige Blätter; dunkelrote, ungenießbare Früchte
**Gestaltung:** Sichtschutz; hübscher Begleiter für Rhododendron; schön an Sitzplätzen wegen süßlichem Duft der Blüten
**Standort:** frischer bis feuchter Boden, Kalk meidend; je heller, desto mehr Blüten
**Vermehren:** Samen, Stecklinge
**Pflege:** gut wässern, verträgt keine Trockenheit; Verjüngungsschnitt gegen Verkahlen

Selbstklimmer · schnell wachsend · dezenter/leichter Duft · starker Duft

# Kletterrosen

Die Familie der Rosen gehört zu den arten- und sortenreichsten innerhalb der Gehölze. Ihre Schönheit und ihr Duft sind seit Jahrhunderten beliebt und haben Generationen von Züchtern herausgefordert. Auch heute noch gibt es jedes Jahr neue Sorten auf dem Markt. Achten Sie beim Kauf auf Qualität. Ein Qualitätsmerkmal für eine gesunde, robuste Rose ist die Auszeichnung als ADR-Rose. Bei Kletterrosen unterscheidet man je nach Wuchsform Climber- und Ramblerrosen. Die weichtriebigen, meist pro Jahr nur einmal blühenden Rambler werden bis über 10 m hoch. Ihre kleinen, in Büscheln herabhängenden Blüten erfüllen jeden romantischen Traum im Garten. Climber haben steifere Triebe, größere Blüten und blühen mehrmals pro Jahr. Regelmäßige Düngung bis zur Blüte bewirkt größere Einzelblüten und mehr Blütenfülle. Ab Anfang August verzichten Sie auf Nährstoffgaben. Die Triebe verholzen nun, um den Winterfrösten zu trotzen.

## Hechtrose

*Rosa glauca*

**Wuchshöhe:** ca. 3 m
**Blütezeit:** Juni–Juli
Spreizklimmer

➤ **robuste Wildrose** ✿

**Aussehen:** einfache Blüte blau- bis purpurrot mit weißer Blütenmitte; braunrotes, bereiftes Laub; orangefarbene Hagebutten
**Gestaltung:** Solitärgehölz, Blattschmuckpflanze; im Herbst auffällige Hagebutten
**Standort:** durchlässige, trockene bis mäßig frische Böden, kalkverträglich
**Vermehren:** Aussaat, Stecklinge, Absenker
**Pflege:** anspruchslos; totes Holz ausschneiden, Triebe waagerecht binden

## 'Alexandre Girault'

*Barbier 1908*

**Wuchshöhe:** bis 4 m
**Blütezeit:** Juni
Spreizklimmer; Rambler

➤ **Kletterkünstler** ✿

**Aussehen:** kräftige rosafarbene, gefüllte, leicht duftende Blüten; dunkelgrünes, glänzendes Laub; wenig Stacheln
**Gestaltung:** für Pergolen, Lauben, Torbögen, Zäune; schön auch in alten Bäumen
**Standort:** bevorzugt lehmigen Boden, keine Staunässe
**Vermehren:** Veredlung, Stecklinge, Steckhölzer, Absenker
**Pflege:** Triebe waagerecht anbinden; regelmäßig düngen; Frostschutz für Wurzelstock; altes und totes Holz regelmäßig ausschneiden



✿ pflegeleicht · sonnig · halbschattig · schattig · Gerüstklimmer

## 'Bobby James'

*Sunningdale Nurseries 1961*

**Wuchshöhe:** bis 10 m
**Blütezeit:** Juni–Juli
Spreizklimmer; Rambler

➤ **duftende Blüten**

**Aussehen:** einfache, leicht duftende, weiße Blüten in Büscheln, einmal blühend; glänzendes Laub; Hagebutten
**Gestaltung:** Solitärgehölz; Pergolen, Lauben, Fassaden; sehr hübsch in alten Bäumen
**Standort:** bevorzugt lehmigen Boden, keine Staunässe
**Vermehren:** Veredlung, Stecklinge, Steckhölzer, Absenker
**Pflege:** Triebe möglichst waagerecht anbinden; regelmäßig düngen; Frostschutz für Wurzelstock nötig; totes Holz immer wieder ausschneiden

## 'Goldstern'

*Tantau 1966*

**Wuchshöhe:** 4–6 m
**Blütezeit:** Juni–September
Spreizklimmer; Climber

➤ **üppiger Dauerblüher**

**Aussehen:** Blüte gelb, gefüllt, öfter blühend; Blütenfarbe verblasst nicht; dichtes, kräftig grünes Laub
**Gestaltung:** eine der wenigen gelb blühenden Kletterrosen schön an Hausfassaden mit blauer Clematis; an Säulen
**Standort:** bevorzugt lehmigen Boden, keine Staunässe
**Vermehren:** Veredlung, Stecklinge, Steckhölzer, Absenker
**Pflege:** Triebe waagerecht binden; regelmäßig düngen; winterhart; robust gegen Krankheit; totes Holz ausschneiden

## 'Santana'

*Tantau 1985*

**Wuchshöhe:** 2 m
**Blütezeit:** Juni–Juli
Spreizklimmer; Climber

➤ **niedrige, vitale Sorte**

**Aussehen:** leuchtend dunkelrote, leicht gefüllte Blüten; ledriges, glänzendes Laub
**Gestaltung:** für kleine Gärten geeignet; auffallend schöne Blütenfärbung, als Blickfang in Einzelstellung im Beet an Obelisk oder neben sonnigem Hauseingang; auch im Kübel
**Standort:** bevorzugt lehmigen Boden, keine Staunässe
**Vermehren:** Veredlung, Stecklinge, Steckhölzer, Absenker
**Pflege:** regelmäßig düngen; frosthart; waagerecht anbinden; totes Holz ausschneiden

Selbstklimmer | schnell wachsend | dezenter/leichter Duft | starker Duft

# Einjährige

Einjährige Kletterpflanzen legen einen fulminanten Start mit einem prächtigen Finale hin. Bei ausreichender Wasser- und Nährstoffversorgung bringen sie den ganzen Sommer über unermüdlich neue Blüten hervor, die um die Wette leuchten.
Um ihre Sprinterqualitäten richtig zur Geltung zu bringen, beanspruchen sie viel Sonne. Trocknen die Wurzeln einmal aus, erholen sie sich nur sehr schwer. Die Blätter vergilben, die Blüten fallen ab. Düngergaben mit lang anhaltendem, organischem Dünger geben Blättern und Blüten Farbe und Kraft. Alle Einjährigen brauchen Kletterhilfen bei ihrem Weg nach oben. Da sie sehr feine Triebe haben, reichen Stäbe oder Gitter mit einem Durchmesser von ca. 2 cm. Charmant und natürlich wirken sie an Weidengerüsten. Ihre Wuchsfreudigkeit schätzen auch Balkongärtner, die in kurzer Zeit für Sichtschutz sorgen möchten. Denn auch als Kübelpflanzen fühlen sich die Himmelsstürmer wohl.

## Duftwicke

*Lathyrus odoratus*

**Wuchshöhe:** bis 3 m
**Blütezeit:** Juli–Oktober
Blattranker

➤ **intensiver Duft** ✿

**Aussehen:** weiß-, blau-, rot-, rosafarbene Schmetterlingsblüten auf langen Stielen, duftend; fiederteilige Blätter, Blattranken; Hülsenfrüchte
**Gestaltung:** an Sitzplätzen; als Sichtschutz, an Zäunen, Reisigpyramiden, Schnüren
**Standort:** windgeschützt und hell; nährstoffreicher, durchlässiger Boden; gedeiht auch gut im Kübel
**Vermehren:** Aussaat im März
**Pflege:** feucht halten, regelmäßig düngen; Verblühtes abschneiden (längere Blühdauer)

## Glockenrebe

*Cobaea scandens*

**Wuchshöhe:** 4–5 m
**Blütezeit:** Juli–Oktober
Blattranker

➤ **dekorative Blüten** ✿

**Aussehen:** Blüte violett, weiß, glockenförmig, lang gestielt; unpaarig gefiederte Blätter; in hiesigen Breiten kaum Früchte
**Gestaltung:** Sicht-, Wind- und Sonnenschutz an Spalier auf Balkon, Terrasse und Dachgarten, Fassaden, Pavillons
**Standort:** sonnig; durchlässiger, nährstoffreicher, frischer Boden; gedeiht auch im Kübel
**Vermehren:** Aussaat, Stecklinge von mehrjährigen Exempl.
**Pflege:** regelmäßig wässern und düngen; kann als Kübelpflanze überwintert werden



✿ pflegeleicht ☼ sonnig ◐ halbschattig ● schattig Gerüstklimmer

## Passionsblume

*Passiflora caerulea*

**Wuchshöhe:** 3–12 m
**Blütezeit:** Juli–September
Sprossranker

➤ **exotisches Flair**

**Aussehen:** bläulich weiße bis violette, radiäre Blüten, strahlig angeordnete Staubgefäße; 5-lappige Blätter; Kapselfrucht
**Gestaltung:** Sichtschutz auf Balkon und Terrasse
**Standort:** windgeschützt, luftfeucht, warm; durchlässiger, nährstoffreicher Boden
**Vermehren:** Aussaat, Stecklinge, Absenker
**Pflege:** begrenzt frosthart, im Winter Wurzeln abdecken, Kübelpflanzen im Haus überwintern; regelmäßig wässern und düngen; Nematodengefahr

## Prunkwinde

*Ipomoea tricolor*

**Wuchshöhe:** 2–3 m
**Blütezeit:** Mai–Oktober
Schlingpflanze, links windend

➤ **plakative Blüten** ✿

**Aussehen:** Blüte lang gestielt, violett, rosa, rot mit hellem Schlund, überreich blühend; herzförmige Blätter
**Gestaltung:** sonnige, windgeschützte Plätze; schöner Sichtschutz auf Balkon und Terrasse; an Zäunen, Pyramiden
**Standort:** frischer, durchlässiger Boden; gedeiht auch im Kübel; verträgt viel Sonne
**Vermehren:** Aussaat im März
**Pflege:** Wurzeln nicht austrocknen lassen, regelmäßig düngen; empfindlich gegen Wind und Kälte

## Schwarzäugige Susanne

*Thunbergia alata*

**Wuchshöhe:** bis 3 m
**Blütezeit:** Mai–Oktober
Schlingpflanze, links windend

➤ **auffälliger Dauerblüher** ✿

**Aussehen:** gelb-orange (auch weiße) Trichterblüte mit dunkler Mitte, gestielt; leicht pfeilförmige, gestielte Blätter
**Gestaltung:** beliebter Dauerblüher; als Sichtschutz auf Balkon und Terrasse; an Spalieren
**Standort:** nährstoffreicher, durchlässiger Boden; gedeiht auch sehr gut im Kübel
**Vermehren:** ab März auf der Fensterbank aussäen, im Mai ins Freie setzen
**Pflege:** nicht austrocknen lassen; regelmäßig düngen

Selbstklimmer · schnell wachsend · dezenter/leichter Duft · starker Duft

# Mehrjährige Kletterpflanzen

## Gerüstkletterer und Selbstklimmer

| Name | Kurzinfo | Blütezeit<br>Blütenfarbe | Wuchshöhe<br>Klettertyp | Pflege und Besonderheiten |
|---|---|---|---|---|
| **Baumschlinge, Chin.**<br>*Periploca sepium* | | Juni–Juli<br>violettbraun | 3–5 m<br>Schlingpflanze | robust; Blätter mit hübscher Herbstfärbung; Milchsaft giftig; 10–15 cm lange Früchte |
| **Baumschlinge, Griech.**<br>*Periploca graeca* | | Juli–Aug.<br>violettbraun | 5–15 m<br>Schlingpflanze | giftiger Milchsaft; reich blühend; große Früchte; glänzendes, dunkelgrünes Laub |
| **Blauregen, Jap.**<br>*Wisteria floribunda* | | Juni<br>violett, weiß | 8–12 m<br>Rechtswinder | Blüten in langen Trauben; regelmäßig schneiden; sehr vital |
| **Feuerdorn**<br>*Pyracantha*-Hybriden | | Mai–Juni<br>weiß | 2–3 m<br>Spalierpflanze | immergrün; attraktive Früchte in Rot, Gelb, Orange; vor Wintersonne schützen |
| **Geißblatt**<br>*Lonicera × heckrottii* | | Juni–Sept.<br>gelb-rot | 2–4 m<br>Rechtswinder | reich blühend; intensiver Duft; junge Triebe purpurrot; im tiefen Schatten keine Blüten |
| **Geißblatt**<br>*Lonicera ×tellmanniana* | | Mai–Juli<br>orangerot | 4–6 m<br>Rechtswinder | sehr wüchsig; orangefarbene Beeren; Blüten von außerordentlicher Leuchtkraft |
| **Geißblatt, Echtes**<br>*Lonicera caprifolium* | | Mai–Juni<br>gelblich-weiß | 3–6 m<br>Rechtswinder | vielerorts verwildert; abends intensiver Duft; orangerote Beeren; alte Bauerngartenpflanze |
| **Geißblatt, Immergrünes**<br>*Lonicera henryi* | | Juni–Juli<br>gelbrot | 4–6 m<br>Rechtswinder | immergrün; Blüten sehr klein; kugelige, schwarze Beeren |
| ✿ **Goldwaldrebe**<br>*Clematis tangutica* | | Juni, Sept.<br>gelb | 3–4 m<br>Blattstielranker | lampionartige Blüte; auch Halbschatten; Rückschnitt im Frühjahr auf 30–60 cm |
| ✿ **Jungfernrebe**<br>*Parthenocissus tricusp.* | | Juli–Aug.<br>grün-weiß | 10–15 m<br>Haftscheiben | raschwüchsig; je älter, desto tiefer ist die Lappung des Laubes; schöne Herbstfärbung |
| **Kiwi**<br>*Actinidia chinensis* | | Juni<br>ockergelb | 5–7 m<br>Linkswinder | zweihäusig; Winterschutz nötig; Winterschnitt; im Sommer Spitze der Fruchttriebe kappen |
| **Klettergurke**<br>*Akebia quinata* | | Mai<br>rosa, violett | 6–10 m<br>Linkswinder | zweihäusig; Blüten in Trauben; dekorative Blätter; Früchte essbar; spätfrostgefährdet |
| ✿ **Kletterspindel**<br>*Euonymus fortunei* | | Juni–Juli<br>gelbgrün | 3–5 m<br>Haftwurzeln | schnell wachsend; immergrün; schöne Begrünung für Wände und Mauern |
| **Mondsame, Kanad.**<br>*Menispermum canadense* | | Mai–Juni<br>gelbgrün | 3–5 m<br>Schlingpflanze | gelbe Herbstfärbung; weintraubenähnliche Früchte, nicht essbar |
| ✿ **Scharlachwein**<br>*Vitis coignetiae* | | Juni–Juli<br>rostrot | 6–10 m<br>Sprossranker | schöne Herbstfärbung; schnell wachsend; Wärme liebend |

| Name | Kurzinfo | Blütezeit Blütenfarbe | Wuchshöhe Klettertyp | Pflege und Besonderheiten |
|---|---|---|---|---|
| ✿ **Scheinrebe** *Ampelopsis brevip.* | | Juni–Juli unscheinb. | 3–6 m Sprossranker | sehr wüchsig; schöner Blattschmuck; gelbe Herbstfärbung; vielfarbiger Fruchtschmuck |
| ✿ **Schlingknöterich** *Fallopia aubertii* | | Juli–Okt. weiß | 8–15 m Schlingpflanze | sehr wüchsig; windempfindlich; leichte Frostschäden möglich; Rückschnitt ratsam |
| **Strahlengriffel, Rosa** *Actinidia kolomikta* | | Juni weiß | 2–3 m Linkswinder | attraktiv gefärbtes Laub mit rosa Blattspitzen; Früchte essbar; zweihäusig |
| ✿ **Texas-Waldrebe** *Clematis texensis* | | Juli–Sept. rosa, rot | 1,5–2 m Blattstielranker | viele attraktive Sorten; kleinblumig; Liebhaberpflanze; Laubdecke als Winterschutz |
| **Trompetenblume** *Campsis radicans* | | Juli–Sept. orangerot | 8–10 m Haftwurzeln | Rückschnitt im Frühjahr; Blüten an einjährigem Holz; Querverstrebungen am Spalier sinnvoll |
| ✿ **Waldrebe, Italien.** *Clematis viticella* | | Juni–Sept. blau | 4–5 m Blattstielranker | wird nicht von Clematiswelke befallen; auch im Halbschatten; Rückschnitt auf 30–60 cm |
| ✿ **Wein, Wilder** *Parthenocissus quinquefolia* | | Juli–Aug. weiß | 15–18 m Haftscheiben | sehr wüchsig; Blattschmuck; schöne Herbstfärbung; blauschwarze Früchte |
| **Winterjasmin** *Jasminum nudiflorum* | | Febr.–März gelb | 2–3 m Spreizklimmer | Winterblüher; anspruchslos; Blüten am jungen Holz; altes Holz auslichten |

## Kletterrosen

| Name | Kurzinfo | Blütezeit Blütenfarbe | Wuchshöhe Klettertyp | Pflege und Besonderheiten |
|---|---|---|---|---|
| **'Dortmund'** | | Juni–Okt. karmesinrot | 3–4 m Climber | tief dunkelgrünes Laub; stark überhängender Wuchs; schön an Pergolen |
| ✿ **'Golden Showers'** | | Juni–Okt. gelb | 2–3,5 m Climber | gefüllte Blüte; eine der wenigen gelben Kletterrosen; robust |
| **'Maria Lisa'** | | Juni–Juli rosa | bis 3 m Rambler | kleine, einfache Blüten; reich blühend; buschiger Wuchs |
| ✿ **'New Dawn'** | | Juni–Okt. zartrosa | 3–4 m Climber | angenehmer Duft; locker gefüllte Blüten; gut geeignet für Hauseingänge und Rosenbögen |
| **'Rambling Rector'** | | Juni weiß | 6 m Rambler | reich blühend; halbgefüllte Blüten in Büscheln; Hagebutten im Herbst; starkwüchsig |
| ✿ **'Sympathie'** | | Juni–Okt. dunkelrot | 4 m Climber | gefüllte, stark duftende Blüten; zur Begrünung einer Pergola in Sitzplatznähe |

# Einjährige und Kübelpflanzen

## Einjährige Kletterpflanzen

| Name | Kurzinfo | Blütezeit<br>Blütenfarbe | Wuchshöhe<br>Klettertyp | Pflege und Besonderheiten |
|---|---|---|---|---|
| **Adlumie**<br>*Adlumia fungosa* | ◐ | Juli–Aug.<br>rosa | bis 2 m<br>Blattranker | zweijährig; Staunässe vermeiden; geschützter Standort |
| **Explodiergurke**<br>*Cyclanthera brachystachys* | ☼ | Juni–Sept.<br>weiß | 2–3 m<br>Blattranker | ca. 5 cm lange Früchte mit vielen Stacheln bevorzugt warmen, nährstoffreichen Standort |
| ✿ **Feuerbohne**<br>*Phaseolus coccineus* | ☼ | Juli–Sept.<br>orangerot | bis 4 m<br>Linkswinder | rasch wüchsig; junge Bohnen oder Samenkerne für Suppen, Salate und als Gemüse verwenden |
| **Flaschenkürbis**<br>*Lagenaria* spec. | ☼ | Juni–Sept.<br>weiß | 3–6 m<br>Sprossranker | Früchte wurden früher als Flaschen verwendet; Blätter und Sprosse duften nach Moschus |
| **Haargurke**<br>*Sicyos angulatus* | ☼ | Juni–Sept.<br>weiß | 3–5 m<br>Blattranker | Früchte wollig weiß behaart; nahrhafter, feuchter Boden; vor Wind schützen |
| **Helmbohne**<br>*Dolichos lablab* | ☼ | Juli–Sept.<br>violett, weiß | 2–4 m<br>Linkswinder | attraktive Hülsenfrüchte in purpur bis violett; Bohnen braun mit hellen Punkten |
| ✿ **Hopfen, Japanischer**<br>*Humulus scandens* | ◐ | Aug.–Sept.<br>gelblich | bis 4 m<br>Rechtswinder | kräftiger Wuchs; dekorative gelblaubige Sorten; guter Sichtschutz; viel Wasser- und Nährstoffe |
| ✿ **Kapuzinerkresse**<br>*Tropaeolum i.A* | ◐ | Juni–Okt.<br>rot-gelb | 1–2 m<br>Blattstielranken | wächst auch als Bodendecker; braucht viel Wasser; rankt an Zäunen; schön an Koniferen |
| ✿ **Kapuzinerkresse, Zierl.**<br>*Tropaeolum peregrinum* | ◐ | Juli–Okt.<br>gelb | 1–2 m<br>Schlinger | bevorzugt warme und windgeschützte Plätze; üppiges, graugrünes Laub |
| **Maurandie**<br>*Asarina scandens* | ☼ | Juni–Okt.<br>purpur, weiß | ca. 2,5 m<br>Blattranken | eine Fülle von Blüten den ganzen Sommer über; schön zwischen Stauden und Sträuchern |
| **Rosenkelch**<br>*Rhodochiton atrosang.* | ☼ | Juni–Sept.<br>purpur | 2–3 m<br>Blattranker | dekorative, herzförmige Blätter; zwischen Sträuchern oder an Obelisken |
| **Schönranke**<br>*Eccremocarpus scaber* | ☼ | ab Juni<br>rot-orange | bis 5 m<br>Blattranker | schön in Naturgärten; an Hecken und Sträuchern hochrankend |
| **Sternwinde**<br>*Quamoclit lobata* | ☼ | Juli–Sept.<br>orangegelb | 2–3 m<br>Linkswinder | wächst auch im Halbschatten; auffallend gefärbte Blüten |
| ✿ **Trichterwinde**<br>*Pharbitis purpurea* | ☼ | Juni–Okt.<br>blaurot | 2–4 m<br>Schlinger | herzförmiges Laub; große Blüten, anfangs blau, später rot |
| **Zaunwinde**<br>*Calystegia sepium* | ☼ | Juni–Sept.<br>weiß | ca. 3 m<br>Blattstielranker | sät sich immer wieder von selbst aus; sieht im Kübel gezogen auch sehr schön aus |

## Kletternde Nutzpflanzen

| Name | Kurzinfo | Erntezeit/ Erntegut | Wuchshöhe Klettertyp | Pflege und Besonderheiten |
|---|---|---|---|---|
| **Gemüsekürbis** *Cucurbita* spec. | | Aug.–Okt. Beeren | bis 3 m Blattranken | hoher Nährstoffbedarf; reifende Früchte in befestigte Netze legen, damit Triebe nicht brechen |
| **Gurke** *Cucumis sativus* | | Juli–Sept. Beeren | bis 2,5 m Blattranken | windgeschützter Platz im Garten; gut wässern; entspitzen um Verzweigung zu fördern |
| **Kletter-Erdbeere** *Fragaria × ananassa* 'Hummi' | | Mai–Juli Sammelnuss | bis 1 m Ausläufer | Triebe hoch binden; für Kübel geeignet; nährstoffreicher, feuchter Boden |
| **Puffbohne** *Vicia faba* | | Juli–Sept. Hülsen | bis 1,2 m Blattranken | sehr große Bohnen; gedeihen auch im Kübel auf Balkon und Terrasse |
| **Stangenbohne** *Phaseolus vulgaris* | | Juli–Sept. Hülsen | bis 2,5 m Linkswinder | gedeihen auch im Kübel; an Stangen aufleiten; dreizählige Blätter; Hülsen ca. 10 cm lang |
| **Tomate** *Lycopersicon esculentum* | | Juni–Okt. Beeren | bis 2 m Spalierpflanze | vor Regen und Wind schützen; Nebentriebe heraus zwicken; aufleiten |
| **Zuckererbse** *Pisum sativum* | | Juni–Sept. Hülsen | bis 1,5 m Blattranken | wächst an Reisern empor; auch Blüten sind essbar |

## Kletterpflanzen im Kübel

| Name | Kurzinfo | Blütezeit Blütenfarbe | Wuchshöhe Klettertyp | Pflege und Besonderheiten |
|---|---|---|---|---|
| **Bleiwurz** *Plumbago auriculata* | | Juli–Okt. himmelblau | ca. 3 m Spreizklimmer | auch für den Wintergarten geeignet; kräftiger Rückschnitt vor der Winterruhe |
| **Bougainvillee** *Bougainvillea* spec. | | Juni–Okt. rosa, weiß | bis 9 m Spalierpflanze | reichlich düngen; nicht austrocknen lassen; frostempfindlich; an Spalier aufleiten |
| **Clystome** *Clystoma* spec. | | Mai–Aug. rosa | 3–4 m Blattranker | nach der Blüte ausdünnen; hell und frostfrei überwintern |
| **Ruhmeskrone** *Gloriosa superba* | | Juni–Aug. rot, gelb | ca. 2 m Blattranker | sehr auffallende Blüten; ziehen über Winter ein; Überwinterung als Knollen |
| **Sternjasmin** *Trachelospermum jasminoides* | | Juni–Aug. weiß | 5–6 m Schlingpflanze | kann als Kübelpflanze überwintert werden; im Winterquartier vor Weißer Fliege schützen |
| **Trompetenwinde** *Tecomaria capensis* | | Mai–Aug. orange, rot | ca. 4 m Schlingpflanze | leuchtende Blüten; kräftige, dunkelgrüne Blätter; frostempfindlich |

# Arbeitskalender

## Januar – April: Gut geplant in die Saison

### JANUAR

- **Planen:** Schmökern Sie in Büchern und Zeitschriften und suchen Sie nach Anregungen, um Ihren Garten zu verschönern. Wählen Sie in Ruhe die geeignetsten Kletterpflanzen für den gewünschten Standort aus.
- **Erziehen:** Im Garten und im Wald werden jetzt Bäume geschnitten oder gefällt. Sammeln und schneiden Sie Schnittgut für Klettergerüste, die Sie jetzt schon für Ihre Rankpflanzen zusammenbauen können.

### FEBRUAR

- **Pflanzen:** Bestellen Sie jetzt schon Saatgut für einjährige Kletterer.
- **Erziehen:** Kontrollieren Sie Ihre Kletterhilfen und bessern oder wechseln Sie sie notfalls aus. Stützhilfen aus Holz mit einem biologischen Schutzmittel streichen.
- **Pflegen:** An frostfreien Tagen ist die beste Zeit, Kletterpflanzen zurückzuschneiden. Glyzinen brauchen jetzt ihren Winterschnitt. Totes Holz mit einer Säge sauber entfernen.

## Mai – August: Hochsaison für Kletterpflanzen

### MAI

- **Planen:** Im Gartencenter erhalten Sie bereits vorgezogene Kletterpflanzen, die Ihren Balkon verschönern und schnell für blühenden Sichtschutz sorgen.
- **Pflanzen:** Samen von Einjährigen können Sie direkt ins Freie säen.
- **Gestalten:** Einjährige können nun hinaus ins Freie. Schöne Effekte erzielen Sie, wenn Sie sie in eine Hecke oder andere Kletterpflanzen hineinranken lassen.

### JUNI

- **Pflanzen:** Die frischen Triebe sind optimal, um Stecklinge zu schneiden.
- **Gestalten:** Haben Sie noch Platz im Garten oder auf dem Balkon? Füllen Sie die Lücken mit Kletterpflanzen.
- **Pflegen:** Schneiden Sie verblühte Blüten von öfter blühenden Rosen aus. Früh blühende Clematis zurückschneiden. Frisch gepflanzte Kletterpflanzen feucht halten. Kletterpflanzen im Kübel regelmäßig düngen.

## September – Dezember: Feuerwerk vor dem Schnee

### SEPTEMBER

- **Pflanzen:** Herbstzeit ist Pflanzzeit. Der Boden ist warm, und die Wurzeln frisch gepflanzter Kletterpflanzen breiten sich schnell in ihm aus.
- **Pflegen:** Frostempfindliche Kübelpflanzen müssen gegen Ende des Monats ins Winterlager. Gießen Sie wenn überhaupt nur noch sparsam, denn die Wachstumsphase der meisten Pflanzen ist jetzt abgeschlossen.

### OKTOBER

- **Gestalten:** Ihren Einjährigen auf Balkon und Terrasse hat der erste Frost bereits zugesetzt. Räumen Sie auf, bringen Sie Pflanzen und Substrat auf den Kompost. Die Kübel werden gründlich ausgewaschen.
- **Pflegen:** Das herabfallende Laub ist der beste Winterschutz. Lassen Sie es auf den Beeten einfach liegen und häufeln Sie es um frostempfindliche Kletterpflanzen auf.

## MÄRZ

- **Planen:** Nun gibt es im Gartencenter frische Frühlings-Ware. Nehmen Sie sich Zeit für einen ausgedehnten Pflanzen-Einkaufstag. Lassen Sie sich vom Angebot inspirieren und vom Personal ausreichend beraten.
- **Pflanzen:** Samen von Einjährigen auf der Fensterbank aussäen. Sobald der Boden frostfrei und abgetrocknet ist, können Sie Ballenware (Containerpflanzen) oder wurzelnackte Gehölze pflanzen.

## APRIL

- **Pflanzen:** Halten Sie die Saatschale mit den Sämlingen feucht. Zeigt sich das erste Blattpaar, können Sie die Pflanzen vereinzeln.
- **Erziehen:** Sobald sich frische junge Triebe an den Kletterpflanzen zeigen, leiten Sie sie am Klettergerüst an und binden sie fest.
- **Pflegen:** Spät blühende Clematis werden auf Kniehöhe eingekürzt. Alle Clematis-Pflanzen brauchen eine frische Mulchschicht, um die Austrocknung der Wurzeln zu verhindern.

## JULI

- **Planen:** Markieren Sie die Lücken in der Staudenrabatte. Sie können Sie nächstes Jahr mit Kletterpflanzen füllen.
- **Pflanzen:** Rosen werden jetzt veredelt.
- **Erziehen:** Lange Triebe am Klettergerüst befestigen und die Wuchsrichtung vorgeben.
- **Pflegen:** Nun ist der Sommerschnitt bei Glyzinen fällig. Rosen das letzte Mal in dem Jahr düngen, damit die Triebe verholzen und dem Frost trotzen können.

## AUGUST

- **Planen:** Bitten Sie Ihre Nachbarn, im Urlaub ihre Pflanzen zu gießen. Für Kübelpflanzen können Sie sich bei kürzeren Reisen auch mit wassergefüllten Flaschen, die kopfüber im Substrat stecken, behelfen.
- **Pflanzen:** Sammeln Sie die bereits herangereiften Samen von einjährigen Kletterpflanzen, die Sie im nächsten Jahr aussäen möchten. In der Sommersonne trocknen sie und überwintern dann in Tütchen verpackt.

## NOVEMBER

- **Gestalten:** Immergrüne Kletterpflanzen werden spätestens dann beachtet, wenn ringsum kein Laub mehr an den Bäumen hängt.
- **Pflegen:** Binden Sie Strohmatten oder Tannenzweige als Schattenspender vor immergrüne Kletterpflanzen, die ungeschützt der Wintersonne ausgesetzt sind. Kontrollieren Sie Ihren Winterschutz – haben Sie an jede Pflanze gedacht?

## DEZEMBER

- **Planen:** Bestellen Sie Pflanzenkataloge, in denen Sie dann ungestört stundenlang nach neuen Lieblingspflanzen suchen können.
- **Gestalten:** Aus den Ranken von Wildem Wein und Früchten verschiedener Kletterpflanzen lassen sich weihnachtliche Gestecke und Kränze basteln.
- **Pflegen:** Reinigen Sie Ihre Gartengeräte und schmieren Sie die Scheren mit Öl ein.

Die **halbfett** gesetzten Seitenzahlen verweisen auf Abbildungen.

## Bezugsquellen

**Clematis:**
F. M. Westphal
Peiner Hof 7
25497 Prisdorf
www.clematis-westphal.de

**Samen:**
www.saatkontor.de

Thompson & Morgan über
Thysanotus Samenversand
PF 11 03, 28871 Oyten
Telefon 0 42 07/57 08
thysanotus-samenversand.de

**Rankhilfen:**
Grüner Leben
SF-Metalldesign
Korbacher Str. 355
34270 Schauenburg
www.gruener-leben.com

**Rosen:**
W. Kordes Söhne
Rosenstr. 54
25365 Klein-Offenseth
www.kordes-rosen.com

Walter Schultheis
Bad Nauheimer Str. 3–7
61231 Bad Nauheim-Steinfurth
www.rosenhof-schultheis.de

**Kübelpflanzen:**
Flora Toskana
Böfinger Weg 10
89075 Ulm
www.flora-toskana.de

**Erde, Dünger, Schädlingsbekämpfung:**
W. Neudorff GmbH KG
An der Mühle 3
31860 Emmerthal
www.neudorff.de

## Zeitschriften

Flora Garten
Gruner + Jahr AG & Co. KG
20444 Hamburg

Kraut & Rüben
DLV GmbH
80797 München

Mein schöner Garten
Burda Senator Verlag GmbH
77652 Offenburg

## Literatur

Bauch-Troschke, Zita: *Begrünte Wände, Lauben und Pergolen.* Callwey Verlag, München

Finke, Cerstin/Osterhoff, Julia: *Fassaden begrünen.* Blottner Verlag, Taunusstein

Mayer, Joachim: *Balkon- und Kübelpflanzen für Einsteiger.* Gräfe und Unzer Verlag, München

Menzel, Peter & Ilse: *Das Kletterpflanzenbuch.* Ulmer Verlag, Stuttgart

Simon, Herta/Becker, Jürgen: *Das große GU Gartenbuch.* Gräfe und Unzer Verlag, München

## Dank

Verlag, Autorin und Fotografen danken der W. Neudorff GmbH KG für die freundliche Unterstützung.

## Bildnachweis

Bornemann: 19 u.; Borstell: 3, 25, 31, 49 mi.; Caspersen: 37 o., 37 mi., Engelhart:18; Fischer: 50 li.; Freiberg: 6, 23; GBA/Didillon: 51 re.; GBA/Nichols: 28 re.; Jahreiß: 4/5, 45 re.; Jalag/Bordes: 20; Nickig: 37 u., 44 li., 47 li., 47 mi.; Pforr: 36 re., 45 mi., 46 re., 51 mi.; Redeleit: 34, 46 li.; Reinhard: U2/1, 36 li., 48 li., 51 li.; Rice: 27, 64; Rogers: U4 re.; Schneider/Will: U1, 8, 11, 26, 28 li., 29, 42/43, 48 re., 49 li., 49 re., U4 mi.; Stork: 21, 24; Strauß:10 li., 10 re., 32, 33, 35, 44 re., 45 li., 50 re.; Wiener: 2/3, 7, 9, 12-17, 19 o., 19 mi., 22, 30, 40, 41, 47 re., U4 li.

**Fotos auf dem Umschlag und im Innenteil:** Umschlagvorderseite: Clematisblüte; Umschlag innen/S.1: Schöner Sitzplatz mit Glyzine; S. 4/5: Clematis anbinden; S. 42/43: Clematis 'Duchess of Albany'; S. 64: Mondfenster; Umschlagrückseite: Waldgeißblatt (li.), Wilder Wein (mi.), Rosenbogen (re.).

Illustrationen: Heidi Janiček

## Die Autorin

Iris Jachertz ist gelernte Gärtnerin. Nach Erfahrungen als freie Fachjournalistin bei Gartenzeitschriften und Verlagen ist sie nun in der GU-Gartenredaktion tätig.

## Wichtige Hinweise

➤ Bewahren Sie Pflanzenschutz und Düngemittel unerreichbar für Kinder und Haustiere auf.

➤ Hautreizende oder giftige Pflanzenteile dürfen nicht verzehrt werden.

➤ Wenn Sie sich bei der Arbeit verletzen suchen Sie einen Arzt auf. Eventuell ist eine Tetanusimpfung erforderlich.

## Impressum



Programmleitung: Steffen Haselbach
Redaktion und Konzeption: Angelika Holdau
Lektorat: Christina Freiberg
Umschlaggestaltung und Layout: independent Medien-Design, München
Produktion: Bettina Häfele
Satz: Uhl + Massopust, Aalen
Reproduktion: Longo, Bozen
Druck und Bindung: Kaufmann, Lahr
Printed in Germany

ISBN 3-7742-6109-1

| Auflage | 3 | 2 | 1 |
|---|---|---|---|
| Jahr | 2006 | 2005 | 2004 |

GRÄFE UND UNZER

*Ein Unternehmen der*
GANSKE VERLAGSGRUPPE

## Das Original mit Garantie

Ihre Meinung ist uns wichtig. Deshalb möchten wir Ihre Kritik, gerne aber auch Ihr Lob erfahren. Um als führender Ratgeberverlag für Sie noch besser zu werden. Darum: Schreiben Sie uns! Wir freuen uns auf Ihre Post und wünschen Ihnen viel Spaß mit Ihrem GU-Ratgeber.

Unsere Garantie: Sollte ein GU-Ratgeber einmal einen Fehler enthalten, schicken Sie uns das Buch mit einem kleinen Hinweis und der Quittung innerhalb von sechs Monaten nach dem Kauf zurück. Wir tauschen Ihnen den GU-Ratgeber gegen einen anderen zum gleichen oder ähnlichen Thema um.

Ihr Gräfe und Unzer Verlag
Redaktion Haus & Garten
Postfach 86 03 25
81630 München
Fax 0 89/4 19 81-1 13
e-mail:
leserservice@
graefe-und-unzer.de

# GU PFLANZENRATGEBER

*Wenig tun, viel genießen.*

ISBN 3-7742-6361-2
*64 Seiten*
*7,90 € [D]*

ISBN 3-7742-5749-3
*64 Seiten*
*7,90 € [D]*

ISBN 3-7742-6108-3
*64 Seiten*
*7,90 € [D]*

ISBN 3-7742-3643-7
*64 Seiten*
*7,90 € [D]*

ISBN 3-7742-5443-5
*64 Seiten*
*7,90 € [D]*

*Gärtnern schnell & einfach? Gar kein Problem! Verwandeln Sie Garten, Terrasse, Balkon und Haus im Handumdrehen in eine grüne Oase. Das 5-Stufen-Erfolgsprogramm zeigt, wie's geht.*

WEITERE LIEFERBARE TITEL BEI GU:

- GU PFLANZENRATGEBER: **Balkonpflanzen, Günstig gärtnern, Küchenkräuter, Rasen, Zwiebelblumen & Co.**

GU

**Gutgemacht. Gutgelaunt.**

## DIE RICHTIGE WAHL

Wählen Sie Kletterpflanzen sorgfältig nach den **Standortbedingungen** in Ihrem Garten aus. Neben ausreichendem **Platzangebot** sind die **Licht-** und **Bodenverhältnisse** wesentlich für einen gesunden und kräftigen Pflanzenwuchs. Auf diese Art beugen Sie späteren Problemen mit Kletterpflanzen bereits vor.

# So haben Sie Freude an Ihren Kletterpflanzen

## RICHTIG ERZIEHEN

Bringen Sie die Kletterer von Anfang an in Form. **Seitliches Anbinden** fördert einen breiten, fächerförmigen Wuchs und bei Rosen wird damit zusätzlich die Blütenbildung angeregt. Zum Befestigen der Triebe am Klettergerüst verwenden Sie am besten **dehnbares Material** wie Bast.

## KLETTERPRACHT IM TOPF

Eine gute Nachricht für alle, die keinen Garten haben: Viele Kletterpflanzen kann man gut als **Kübelpflanze** halten. Mit einem im Topf integrierten Klettergerüst bleiben sie **mobil,** und frostempfindliche Pflanzen können leicht ins **Winterquartier** transportiert werden.

## DER GRIFF ZUR SCHERE

Mit **Schnittmaßnahmen** halten Sie Ihre Kletterpflanzen im Zaum und fördern eine **reichere Blütenfülle** und auch größere Einzelblüten. Erkundigen Sie sich bereits beim Kauf danach, wie und wie oft Sie bei den jeweiligen Arten die Schere ansetzen müssen.